En couverture :
Carte de Cassini (XVIIIe siècle). La vallée moyenne de la Leyre dans la Grande-Lande.

 Ce livre a été imprimé par Pollina à Luçon - 85 - France. La photocomposition a été réalisée par ALFA-CSR à Bordeaux - 33. Mise en page du studio des Editions Sud-Ouest à Bordeaux. Photogravure couleur de NBC à Bordeaux - 33. La couverture a été tirée par l'imprimerie Raynard à La Guerche de Bretagne - 35, et pelliculée par Pollina - 85 - Luçon.
ISBN : 2.879.010.934 - Editeur : 293.02.05.03.94 - N° d'impression : 65014.

Toponymie gasconne

Collection « Sud Ouest Université »
dirigée par Guy-Marie Renié

REMERCIEMENTS

Cet ouvrage doit beaucoup à Philippe Lartigue, de Biscarrosse, dont la passion pour le dialecte gascon est immense et qui a largement aidé les auteurs pour la cartographie de ce livre.

Bénédicte et Jean-Jacques Fénié

Toponymie gasconne

SUD OUEST

AVERTISSEMENT

Les mots appartenant au lexique de la Langue d'Oc ou Occitan, qu'ils soient du gascon, du languedocien, voire du provençal ou du nord-occitan, sont écrits dans le système graphique de l'Institut d'Etudes Occitanes (IEO), appelé parfois "graphie normalisée" ou "graphie moderne", qui est assez largement utilisée aujourd'hui.

Comme toute graphie, elle peut avoir des imperfections, mais elle s'efforce de respecter l'étymologie et permet une facile intercompréhension dialectale.

• Les départements français sur lesquels s'étend la Gascogne linguistique sont ainsi transcrits :

ARIEGE	A
HAUTE-GARONNE	HG
GERS	G
GIRONDE	Gir.
LANDES	L
LOT-ET-GARONNE	LG
PYRENEES-ATLANTIQUES	PA
HAUTES-PYRENEES	HP
TARN-ET-GARONNE	TG

• Quelques références bibliographiques sont ainsi abrégées dans le texte :

BG	*Bellum Gallicum* (La Guerre des Gaules). César.
CIL	*Corpus Inscriptionum Latinarum.*
DR	Dauzat (A) et Rostaing (Ch.). *Dictionnaire étymologique des noms de lieux en France.*
HGL	Devic et Vaissette. *Histoire générale de Languedoc.* Privat, Toulouse, 1872.
IB	*Itinéraire de Bordeaux à Jérusalem* (Itinerarium Burdigalense).
NG	*Notitia Galliarum.*
PHF	Lebel (Paul). *Principes et méthodes d'hydronymie française.*
RG	*Rôles Gascons.*
sd	sans date.

• Pour ce qui concerne les étymologies et les évolutions phonétiques, trois signes sont utilisés :

> :	donne, aboutit à
< :	est issu de, provient de
* :	L'astérisque précédant un mot signifie que ce terme était vraisemblablement utilisé dans une langue ancienne, généralement non écrite (racines pré-latines en particulier).

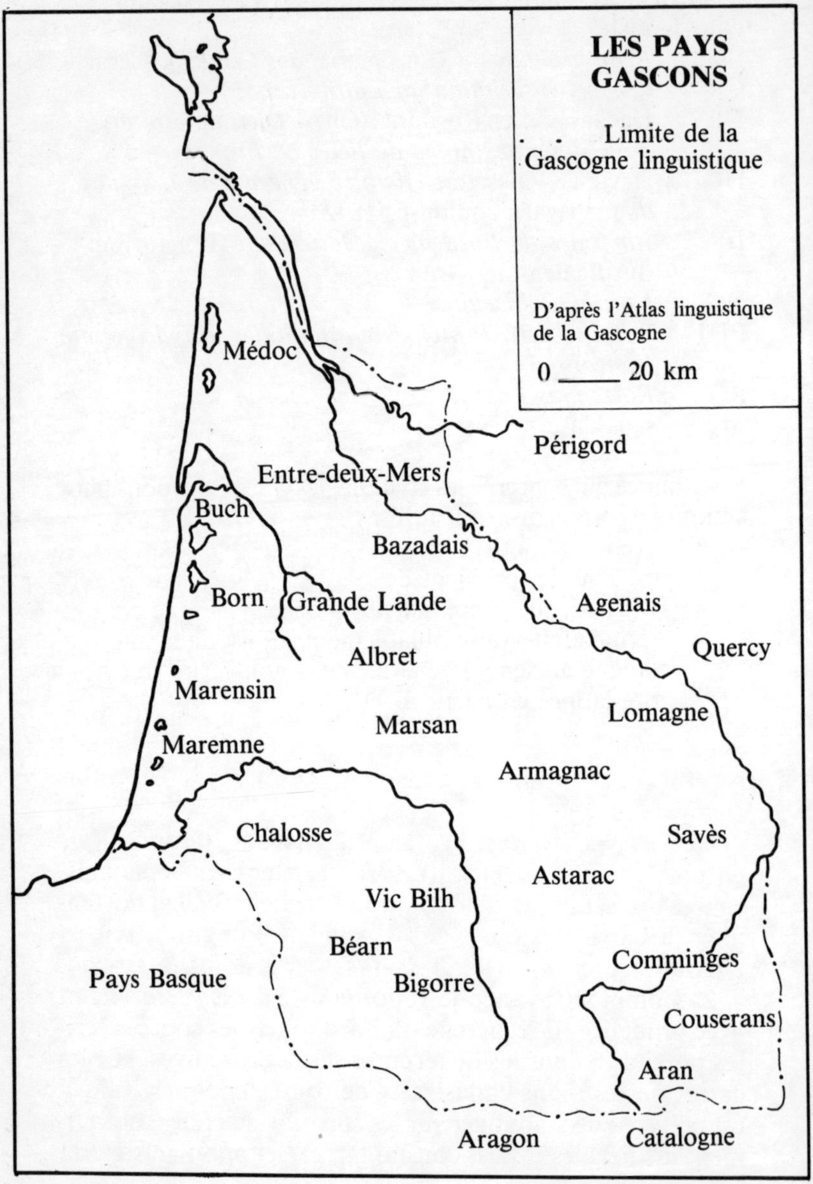
LES PAYS
GASCONS
Limite de la
Gascogne linguistique
D'après l'Atlas linguistique
de la Gascogne
0 ____ 20 km
Médoc
Périgord
Entre-deux-Mers
Buch
Bazadais
Born
Grande Lande
Agenais
Quercy
Albret
Marensin
Marsan
Lomagne
Maremne
Armagnac
Chalosse
Savès
Astarac
Vic Bilh
Béarn
Comminges
Pays Basque
Bigorre
Couserans
Aran
Aragon
Catalogne

CHAPITRE I

QU'EST-CE QUE LA TOPONYMIE ?

1. De même qu'à travers vieilles pierres et tessons de poterie les archéologues font parler le passé, de même par les noms de lieu (communes, hameaux, écarts, lieux-dits, rivières ou ruisseaux) on peut essayer de repérer les différentes empreintes humaines qui se sont succédé dans une même région. Faisant appel à la Linguistique et aux données de l'Histoire et de la Géographie, la toponymie est une discipline délicate. Si elle doit reposer sur une rigoureuse démarche scientifique, elle ne peut évidemment tout expliquer ; à moins de tomber dans les hypothèses les plus fantaisistes...

Née au XIXe siècle, cette branche de l'onomastique (étude des noms en général) a progressé grâce aux connaissances dialectales et à de multiples études locales, notamment à partir des ouvrages d'Auguste Longnon, Albert Dauzat ou encore Gerhardt Rohlfs pour le domaine gascon.

2. Comment avance le toponymiste ? Nécessairement avec prudence. Il recherche d'abord toutes les sources écrites possibles, dans les différentes séries d'archives, sur les cartes ou les plans cadastraux de toutes époques, tant il est précieux de s'appuyer sur les formes anciennes, notamment médiévales. Mais, constamment, le toponymiste doit

garder des fauses étymologies populaires ou "latines", se méfier des réfections pseudo-savantes forgées par certains scribes et savoir déceler les graphies erronées. En cela la toponymie est bien une science auxiliaire de l'Histoire. Il est également nécessaire de recueillir, de la bouche d'informateurs "de terrain" — paysans, chasseurs, personnes âgées, parfois ultimes locuteurs d'un dialecte menacé — les prononciations locales si éclairantes et ne négliger aucunement l'observation du paysage et du milieu. Enfin — l'interprétation étant la phase la plus délicate du travail — le toponymiste doit étayer sa réflexion par une étude comparative des radicaux, des suffixes, des structures mêmes des formes et avoir toujours à l'esprit que, pour les noms de lieu comme pour bien d'autres choses, comptent les phénomènes de "mode", à vrai dire bien commodes pour identifier certaines générations de toponymes.

Pourquoi une toponymie gasconne ?

3. La zone de cette présentation toponymique correspond à la "Gascogne linguistique", telle qu'on peut l'étudier avec précision dans l'*Atlas linguistique et ethnographique de la Gascogne.* Il s'agit d'un territoire, vaguement triangulaire délimité en gros par le littoral atlantique entre l'Adour et la Pointe de Grave, par les crêtes pyrénéennes au sud entre Pays Basque et Val d'Aran, et par la vallée de la Garonne à l'est, débordant un peu au delà, dans le Couserans ariégeois et dans la Guyenne girondine (Entre-deux-Mers, Benauge).

Dans le cadre des Etats français et espagnol, cette Gascogne linguistique recouvre les départements du Gers, de la Gironde, des Landes et des Hautes-Pyrénées dans leur entier ; les Pyrénées-Atlantiques pour leur partie béarnaise, l'ouest du Lot-et-Garonne, la région de Beaumont-de-Lomagne en Tarn-et-Garonne, le pays du Comminges en Haute-Garonne, et l'arrondissement de Saint-Girons en Ariège ; enfin le Val d'Aran qui est englobé dans la Generalitat de Catalunya.

4. Dans l'ensemble des pays de langue d'oc la zone dialectale gasconne s'identifie par quelques traits phonétiques caractéristiques :

① La transformation en H du F initial latin, alors que le

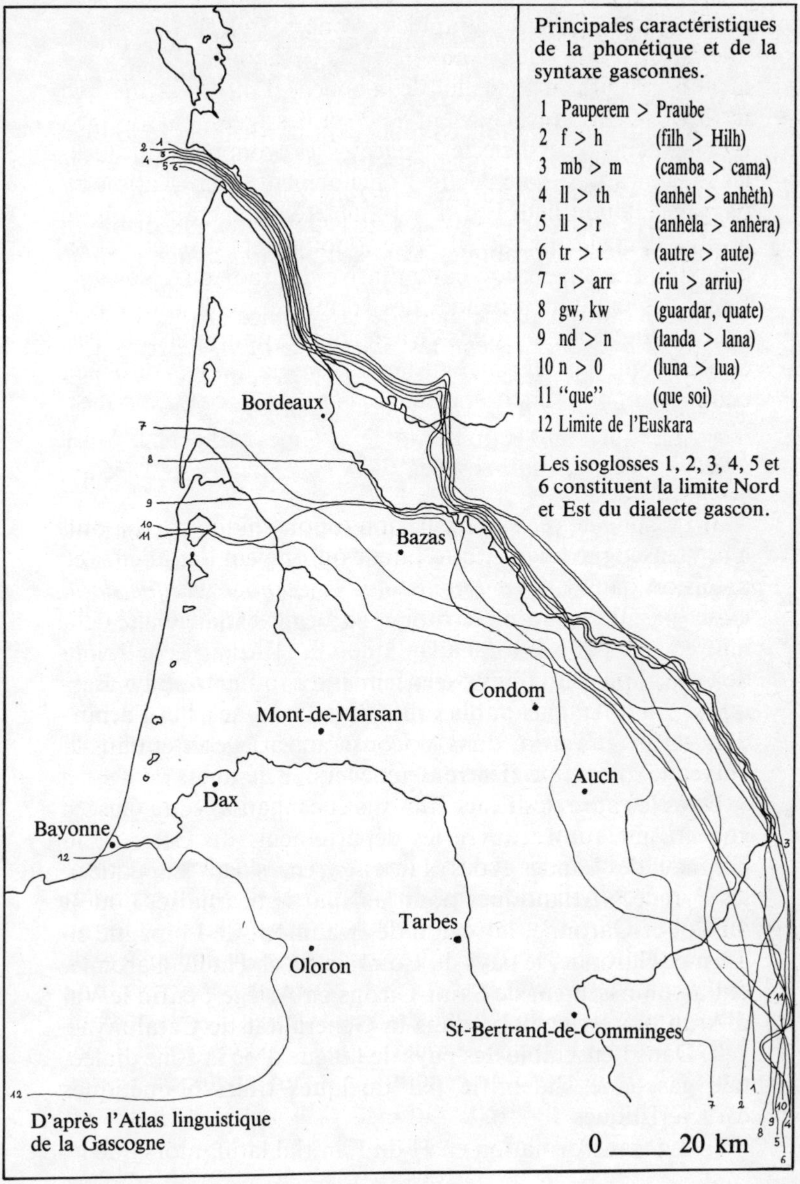
Principales caractéristiques de la phonétique et de la syntaxe gasconnes.
1 Pauperem > Praube
2 f > h (filh > Hilh)
3 mb > m (camba > cama)
4 ll > th (anhèl > anhèth)
5 ll > r (anhèla > anhèra)
6 tr > t (autre > aute)
7 r > arr (riu > arriu)
8 gw, kw (guardar, quate)
9 nd > n (landa > lana)
10 n > 0 (luna > lua)
11 "que" (que soi)
12 Limite de l'Euskara
Les isoglosses 1, 2, 3, 4, 5 et 6 constituent la limite Nord et Est du dialecte gascon.
Bordeaux
Bazas
Condom
Mont-de-Marsan
Auch
Dax
Bayonne
Tarbes
Oloron
St-Bertrand-de-Comminges
D'après l'Atlas linguistique de la Gascogne
0 ___ 20 km

languedocien ou le provençal le conservent. Par exemple *farina > haria, filha >hilha, font > hont, fuèlha > huèlha.*

② La lettre R se déplace à l'intérieur de certains mots (métathèse). Par exemple *cabra > craba, fenestra > frinèsta, cambra > cramba, fèbre > frèbe.*

③ Au début des mots commençant par R il y a redoublement du R avec développement d'un A "prosthétique" : *riu > arriu, rèn > arren, rat > arrat, ròda > arròda.*

④ Placé entre deux voyelles, le N généralement disparaît (chute du N intervocalique). Par exemple *luna > lua, esquina > esquia, farina >haria, menar > miar.*

⑤ L'évolution particulière de la géminée latine -LL. En finale, -LL > TH (exemples : *bellus > bèth, castellum > castèth*). En intervocalique, -LL > R (exemples : *bella > bèra, gallina > garia, illa > era, vitella > vetèra.*

⑥ La chute du B et du D dans les groupes MB et ND. Ainsi, *camba > cama, palomba > paloma, entendre > enténer, prendre > préner.*

Bien sûr quelques formes propres au gascon existent dans le domaine des conjugaisons (imparfait et parfait notamment) et surtout le lexique gascon comprend des vocables qui relèvent probablement d'un vieux fonds aquitano-pyrénéen.

4 bis. Dès lors on comprend que la toponymie gasconne soit marquée d'une certaine originalité par rapport à l'ensemble occitan, en raison du substrat aquitanique qui l'imprègne et du fait de ces traits phonétiques. Pour autant on retrouve dans les différentes générations de noms de lieu les grandes strates traditionnelles de l'occupation humaine sur le territoire français.

Cet ouvrage ne prétend nullement à l'exhaustivité. Toponymes, microtoponymes et hydronymes sont si nombreux qu'un livre de vulgarisation tel que celui-ci ne peut les mentionner tous. D'ailleurs bien des études locales restent encore à réaliser. Cependant l'état actuel de la recherche permet de brosser à grands traits un tableau des noms de lieu dans le domaine gascon. Ainsi le lecteur trouvera, au fil de ces pages, quelques clés pour découvrir et comprendre un territoire au caractère marqué, et peut-être aura-t-il le désir d'aller plus loin.

CHAPITRE II

LES FORMATIONS PRÉ-LATINES

Deux ou trois choses que l'on sait d'elles

5. Faute de sources écrites la longue période précédant la conquête de la Gaule par César, avec la victoire de Crassus en 56 av. J.C. qui permet la domination de l'Aquitaine, est appelée par certains la protohistoire. Les seules traces restant de cette époque qui succède au néolithique sont des vestiges archéologiques, quelques rares inscriptions et les descriptions bien sobres faites par César ou par Strabon.

On sait cependant que, vers l'an 1000 av. J.C., sont arrivés en Europe occidentale des peuples qu'on a pris l'habitude de désigner comme les "indo-européens". C'est en se fondant sur les communes racines des langues parlées par les Celtes, les Latins, les Achéens et Doriens de l'ancienne Grèce, les Germains et les Slaves que les linguistes ont estimé qu'il y aurait eu pour ces peuples une identique origine. Les exemples désormais "classiques" des façons de désigner le nombre 3 ou le père dans différentes langues d'Europe le montrent :

• *tres* (latin, occitan, catalan, castillan, portugais), *treis* (grec), *tre* (italien), trois (français), *three* (anglais), *drei* (allemand), *tre* (suédois), *trzy* (polonais), *tri/teir* (breton), etc...
• *pater* (latin), *pair/paire* (occitan), *pare* (catalan), *padre* (cas-

tillan, italien), père (français), *vater* (allemand), *father* (anglais), etc...

Seule la langue basque fait exception (*iru* = trois ; *aita* = père, etc...). Il semble donc qu'il y ait eu dans tout ce qui correspond à notre zone des peuples installés avant les grandes migrations indo-européennes.

De très vieilles racines

6. Une couche très ancienne de toponymes ou de composants de certains toponymes semble être représentée, en particulier pour désigner les sommets, les cours d'eau et parfois l'habitat. Ainsi la racine **kuk* (tête, mont arrondi) se retrouve dans **Cuqueron** (Béarn), dans **Cocumont** (LG) ou dans **Couquèques** (Gir.). Pour ce dernier toponyme du Médoc, non loin des rives de la Gironde, il ne s'agit en fait que de désigner de modestes côteaux.

7. La racine **kar-/gar-* (pierre) se retrouve dans **Garos** (villages du Béarn et du Val d'Aran), peut-être **Carresse** (Béarn, "endroit où il y a des rochers"), le Pic de **Gar** (Haute-GARonne), et au-delà de la Gascogne dans **Carcassonne**, les **Karpathes** ou le **Quercy** (**Carcin** en occitan). Dans le lexique basque le mot *garai* désigne la "hauteur", le "sommet", et en gascon *garròc* signifie "rocher" et la *garlusha* (garluche en graphie française) est le grès ferrugineux qui servait à bâtir dans la Grande Lande et qui au XIXe siècle fut même utilisé comme matière première dans les forges (Brocas, Pissos, Pontenx, Ychoux, etc...). Une variante de cette racine est *har/arr* qu'on trouve dans le mot basque *hari* (pierre) et dans **Arette** (vallée de Barétous en Béarn), **Arudy** (PA) ou les **Arres** d'Anie, bel ensemble karstique (encore la même racine...) du côté de la Pierre-Saint-Martin. Avec changement vocalique le *ger* désigne en montagne un pâturage gazonné (exemple le pic de **Ger** près de Lourdes) et le Gert désigne des terres de landes, autrefois non cultivées, aux confins du Béarn et en Chalosse.

8. La racine **pal-/bal-* (rocher escarpé) se retrouve dans beaucoup de noms de montagnes (Pelvoux ou le col de Pal dans les Alpes, La Pale dans l'Aveyron ou le Cantal, le col

de Pau en vallée d'Aspe) et dans la ville de Pau. Ailleurs en pays d'oc les toponymes Baume, Baumette ou Balma sont de la même origine.

9. En hydronymie certaines racines sont également très anciennes. Dans **Adour** (Aturus à l'époque latine) on repère **a-tur* (eau, rivière) qui semble figurer, à partir de la variante **dur*, dans la **Dordogne**, la **Dore** (Puy-de-Dôme), le **Dourdou** (Aveyron), la **Durance**, le **Duero/Duro** (Espagne/Portugal) la **Doire Baltée** et la **Doire Ripaire**, affluentes du Pô, en Italie. Le terme *arrèc* qui désigne parfois en Gascogne un cours d'eau ou un simple ravin, semble avoir lui aussi une origine fort ancienne. Il doit être rapproché du languedocien *rega* (sillon), *recar* (raviner) ou *rèc* (ruisseau), du castillan *riega*, du français raie (ligne, bande étroite) et du basque *ereka* (ruisseau, ravin). De cette racine peuvent se rapprocher le toponyme **Arricau** en Vic-Bilh (Béarn) et les hydronymes **Arrigau** (Béarn) et **Arrigans** (Landes).

Gallos ab Aquitanis Garumna flumen dividit

10. Dans son *Bellum Gallicum (La guerre des Gaules)*, César précise bien que les Gaulois sont séparés des Aquitains par la Garonne. A l'exception des Bituriges Vivisques, fixés dans la région de Bordeaux et probablement celtes (apparentés au Bituriges Cubi de la région d'Avaricum/Bourges ?), les peuples de l'Aquitaine cités par César, évoqués par le géographe grec Strabon ou mentionnés dans la liste de Pline l'Ancien se différencient des Gaulois par la langue, les coutumes ou les lois.

La langue parlée par ces Aquitains n'est pas celte, ni ibère, et l'on a réussi à en identifier quelques mots par le basque. Il paraît donc à peu près sûr que ces Aquitains, établis en gros entre l'Ebre et la Garonne, sont à la fois les ancêtres des Basques et des Gascons. En effet, le mot latin "*vasco*" a donné "*basco*" en occitan et "*gascon*" dans le parler germanique des Francs. Donc, au plan linguistique, basque, vascon et gascon ont bien la même origine.

Quels toponymes paraissent incontestablement appartenir à la strate aquitanique ?

Une forte densité de noms de lieux en -os (-ossu)

11. De même sens (domaine de) que le latin *-anum* ou que le gallo-romain *-acum*, qui ont donné respectivement les noms en *-an* ou en *-ac(q)*, le suffixe *-ossu* est typiquement aquitanique. Il a donné les toponymes terminés en *-os*, particulièrement nombreux dans la Gascogne linguistique.

Leur densité est très forte dans la région de Bazas en Gironde, dans les Pays de l'Adour et, côté espagnol, dans le Val d'Aran et dans la haute vallée du Rio Noguera Pallaresa. Par ailleurs, en Aragon et en Navarre, se rencontrent des toponymes en *-ués* (diphtongaison en ue du o tonique dans l'aire hispanique), et dans le reste du Pays Basque en *-otz*.

En voici quelques uns :

12. **Andernos** (Gir.) sur l'anthroponyme prélatin *Andere* (“le domaine d'Andere”).

13. **Arengosse** (L) qui doit être rapproché de la forme basque d'Arcangues (PA), **Arangoitze**, et d'un lieu-dit **Arranguisse** (commune de Sainte-Marie-de-Gosse, L) ; il s'agit vraisemblablement d'une désignation topographique sur *aran* (vallée) associée au suffixe aquitanique -ossa.

14. **Biscarrosse** (L) sur la base prélatine **biskar* (dos, crête, dune) associée au suffixe indigène. C'est “l'endroit où il y a des dunes”. On trouve un toponyme **Biscarruès** outre-Pyrénées ; de même y correspondent **Angüès** à **Angos** (Béarn), **Bernués** à **Bernos** (Gir.), **Binuès** à **Binos** (HG), **Garruès** à **Garros** (Béarn et Aran) ou encore **Urduès** à **Urdos** (Béarn).

Contrairement aux suffixes latin *-anum* et gallo-romain *-acum* qui reposent, la plupart du temps, sur des noms d'homme, le suffixe *-ossu*, typiquement aquitanique, a un sens simplement locatif (endroit où il y a...). Ce suffixe -os a été utilisé bien longtemps après la colonisation romaine et a donc été souvent accolé ou adapté à des anthroponymes latins. Par exemple dans les Landes, **Pissos** (*de Pissous* en 1289, RG) formé sur *Pincius*.

15. Sur la commune de Biscarrosse le lieu-dit **Navarrosse**, sur les rives du lac, est probablement aussi ancien que le nom de la paroisse auquel il se rattache. Dans cette zone côtière

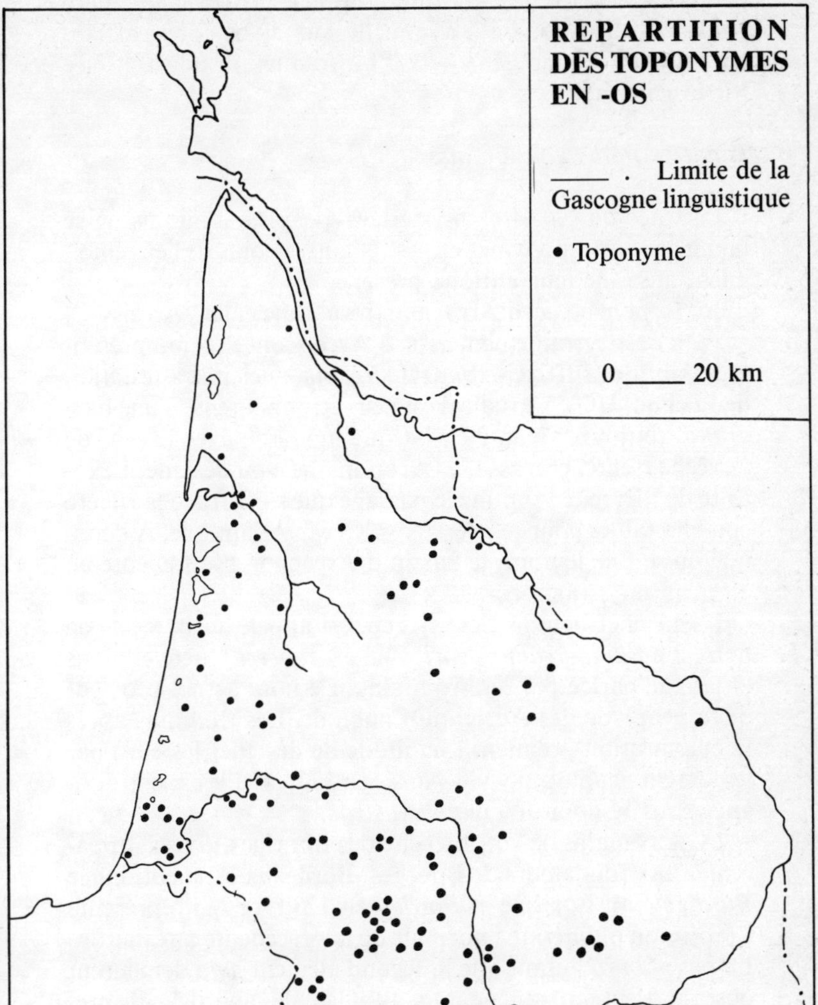
REPARTITION
DES TOPONYMES
EN -OS
. Limite de la
Gascogne linguistique
• Toponyme
0 20 km

peuplée dès la Haute Antiquité on peut proposer une base **nava*, ‘‘vallée, combe’’, à laquelle sont associés les suffixes collectif *-are* et indigène *-ossa*. La traduction pourrait être ‘‘lieu vallonné’’.

D'autres noms aquitaniques

La trace de ces assez mystérieux peuples aquitains ne se limite pas aux toponymes en -os. D'autres noms de lieu témoignent aussi de leur antique présence.

16. Le nom actuel d'**Arcachon** (forme ancienne ‘‘Arcaisso’’, sd, DR) est certainement issu d'Arcaissone, forme présentant l'antique suffixe *-ixone* (cf. *Ilixone*, ancienne attestation de **Luchon**, HG). Le radical est peut-être apparenté à une base *aruka*, toujours vivante en basque moderne avec le sens de ‘‘brêche, fente, crevasse’’. Le toponyme a pu désigner l'exutoire de l'Eyre, en somme le passage que s'est frayé la rivière entre les sables pour se jeter dans l'Océan Atlantique. A l'époque où se fixe le nom, le bassin d'Arcachon n'est encore en effet qu'un estuaire.

17. Le chef-lieu du Gers, **Auch**, est appelé au Ier siècle de notre ère *Elimberrum* ; de *iri*, ‘‘ville’’ et *berri*, ‘‘neuve’’ dans la langue parlée par les Aquitains. Le nom actuel provient de la peuplade des Ausci qui l'habitait. Les Romains après la colonisation prennent l'habitude de désigner les cités par le nom du peuple qui y vit. Ainsi, en 333, la ville est-elle désignée sous le nom de *civitas Auscius*.

18. Aux mains de la tribu celte des Bituriges Vivisci, apparentée aux fondateurs de Bourges, **Bordeaux** est mentionnée *Burdigala* au Ier siècle et *Bordeu* en 1280, ce qui représente l'évolution phonétique normale de la précédente attestation. La base **burd* autant que le second élément *gala* demeurent obscurs. Peut-être cependant y-a-t-il lieu de rapprocher le premier élément de l'**Eau Bourde**, ruisseau (‘‘*estey*’’, < estuarium, en gascon) affluent de la Garonne juste en amont du Port de la Lune.

19. Dans le Gers également, **Eauze** (*Civitas Elusatium*, vers 400, NG ; *Civitas Elusa* au IVe s., IB) est probablement formé sur une base hydronymique **alis* désignant des eaux argileu-

ses (Lebel, PHF, 602) que l'on retrouve certainement dans la rivière voisine l'**Auzone**.

20. Dans la lande girondine la petite commune de **Lugos**, développée avec le passage de la voie ferrée Bordeaux-Bayonne, est en fait dans la prononciation locale appelée "**Lugo**". C'est par attraction avec d'autres noms en *-os* voisins (**Biganos, Caudos, Mios,** etc...) que s'est fixée l'orthographe actuelle. Du temps de l'Aquitaine "anglaise" les *Recognic iones feodorum* (reconnaissances de fiefs) donnent une forme Lugor qui autorise à proposer un étymon Lur agor, passé à Lurgor puis Lugor par dissimilation. **Lur*, "terre", et **agor*, "sec", sont des termes aquitaniques ayant certainement désigné des terroirs hors d'eau dans ces zones marécageuses bordant l'Eyre où l'occupation du sol était largement tributaire des caprices de la rivière.

21. En Béarn, **Oloron** (*Iluro*, IVe s., dans l'*Itinéraire d'Antonin ; Civitas Elloronensium*, vers 400 ; de *Civitate Alorone*, 506, paraît fondé sur *ili* (ou *iri* en basque moderne), "ville", et *luro*, "terre basse". Le suffixe *-one* signifie l'appartenance.

22. On peut rattacher le toponyme landais **Sabres** (*castrum de Sabres* en 1254, RG ; *de Sabris*, en 1289, RG) à **Sabalos** et **Sabarros** (HP). Si l'on suit Rohlfs (*Le Gascon*, I, S), il serait formé sur *sapalus* ou *sabellus* selon le *Corpus Inscriptionum Latinarum* (CIL, 325). Il s'agit dans tous les cas d'un toponyme ancré avant la colonisation romaine. L'ancienneté du nom du ruisseau de Laste qui arrose la commune, le confirme. Last ou Lats (cf. le lieu-dit **Latche** sur la commune de Soustons) est en effet un hydronyme aquitain.

23. Au pied des Pyrénées, **Tarbes** (HP) est un nom prélatin, à l'origine de l'ethnique Tarbelli, peuple mentionné par César (BG, III, 20-27), et par Strabon qui leur attribue l'exploitation de mines d'or. Les attestations anciennes sont *Civitas Turba* (v. 400), *Talva* (VIe s.), *Tarba* et *Tarvia* (XIIe s.). On y a vu une parenté avec le celtique **tarvo*, taureau (cf. le nom du père d'un soldat de la cohorte aquitaine, *Tarbunnis*, d'après une inscription romaine (CIL, 3, 2053).

24. **Toulouse**, *Tolosa* dans le texte de César, appartient aussi à la vaste couche pré-latine. Aquitanique ou ibérique ? La

réponse n'est pas franchement clarifiée pour l'ancienne capitale des Volques Tectosages.

L'Aquitaine, pays des eaux

25. D'après certains, le mot *Aquitania* signifierait "pays des eaux" (sur une base *aqua*, "eau" + suffixe *-tania* qu'on retrouve pour désigner d'autres régions du monde romain : Britannia, Lusitania, Mauretania... Le nom actuel de **Guyenne** vient d'ailleurs d'*Aquitania* (*Aquitania* > *Aguidania* > *Guiaine* > Guyenne).

Un certain nombre d'hydronymes semblent typiquement aquitaniques.

26. Entre le Pays Basque et la haute vallée de l'Adour les rivières descendant des Pyrénées sont dénommées **Gaves** (Gaves de Pau, d'Ossau, d'Oloron). Plusieurs ruisseaux des PA sont appelés **Gabarret** ou **Gabarrot**. Signalant des noms de ruisseaux comparables en Ariège (le **Gabre**) et dans l'Aude (le **Gaure**), Rohlfs propose une base préromane **gabaru* ou **gabarru*.

27. Avec la commune d'**Ibos** (HP) on a l'hydronyme aquitanique *ib-* avec le suffixe *-ossu*. On retrouve le radical dans les mots basques *ibaia*, "rivière", et *ibarra*, "vallée". Dans le lexique gascon existe le mot *iu/èu* signifiant "lac de montagne". On le trouve dans la toponymie de la haute montagne : lacs d'**Orédon** (*èu redon* : "lac de forme arrondie"), d'**Aubert** (*èu vèrt* : "lac vert"), d'**Aumar** (*èu* : "lac", + *mar*, élément obscur), dans le Massif du Néouvielle ; lac d'**Ilhéou** au-dessus de Cauterets. Ces noms sont voisins de l'aragonais *ibon* qui signifie également "lac de montagne". Sans doute peut-on en rapprocher les lacs d'**Ayous**, au pied du Pic du Midi d'Ossau ; au-dessus de Gourette, les lacs d'**Uzious** (*los Ius* à l'origine > *lac deus Ius* > lac d'Uzious) et dans la région de Luchon le lac d'Oô.

28. La **Neste** est un mot générique porté par toutes les rivières et torrents entre la haute vallée de l'Adour et la zone de Luchon : Neste d'Aure, Neste de Louron, Neste d'Oo. Un affluent de la Neste d'Aure s'appelle le **Nistos**. Certains spécialistes donnent pour étymologie un celtique **nesta*.

29. Le toponyme **Ousse** (L, PA) est probablement un hydronyme pré-latin comme le confirment l'existence des cours d'eau l'**Ousse** (G), l'**Ousse-des-Bois** (PA) et l'ancien nom du ruisseau qui se jette dans l'étang d'Aureilhan (L). Les formes anciennes devaient être *ossa*, si l'on en croit une attestation du XIIe s. pour la commune des PA.

Une couche celtique relativement discrète

30. Comme le montre l'installation des Bituriges Vivisques dans la région de Bordeaux, la vallée de la Garonne est vraisemblablement dans cette période protohistorique un axe de passage. La présence de toponymes celtiques en Val d'Aran laisse supposer une voie vers les pays de l'Ebre.

Mais vers l'ouest de l'Aquitaine la Chalosse "défendue" par le désert des Landes, le Béarn, le Pays Basque et une bonne partie de la Bigorre échappent assez largement à l'influence celtique. Certes il y a dans la toponymie des mots spécifiquement celtes comme *lana* (lande) ou *coma* (*comba* : "vallée, combe") ou des terminaisons en -ac(q), mais ces apports gaulois ont été faits tardivement par les conquérants romains. On y reviendra.

Toutefois, dans la Gascogne linguistique, on peut signaler quelques toponymes à l'évidence celtiques.

31. **Cambes** (Gir.) doit être rapproché des **Cambes** du L et du LG, ou encore de **Cambo** (PA). Plutôt que le sens de "courbe de rivière", il vaut mieux attribuer à l'étymon **cambo* une valeur oronymique.

32. **Condom** (G) se situe à la confluence de la **Baïse** et de la **Gèle** (forme ancienne *Sancti Petri de Condom*, 961, HGL V, 244). L'étymon pourrait être **condatomagos*, formé des mots celtiques **condate*, "confluent", et **magos*, "marché". Ce qui semble logique.

33. Dans une des précieuses attestations de l'*Itinéraire d'Antonin* (IIIe siècle), **Salles** (Gir.) est mentionné sous la forme *Salomacum*, latinisation d'un plus ancien *Salomagos*. Sur la voie augustéenne reliant **Burdigala** (Bordeaux) à la Péninsule ibérique se trouvait cette station. Son nom rappelle l'existence d'un marché — *magos* en celtique — associé ici

à un premier élément qui représente certainement le saule (*salix*). D'importantes saulaies existent encore aujourd'hui dans ce secteur.

34. **Verdun-sur-Garonne** (TG), déjà mentionné Verdun en 1188 (DR), semble composé tout comme **Verdun** (Meuse), **Verdun-sur-le-Doubs** (Saône-et-Loire) ou **Berdun** en Aragon, sur le gaulois *dunum*, "forteresse", associé à un nom d'homme, *Vero*.

35. En outre on peut évoquer l'antique nom de **Saint-Bertrand-de-Comminges** (HG), *Lugdunum Convenarum*, la capitale des Convenes, formé sur *Lug* (divinité celte ?) et *dunum* (forteresse).

36. Dans les Landes existait au Moyen Age entre Arengosse et Villenave, dans le Brassenx, une paroisse qui dominait la petite vallée du **Bez, Bezaudun**. Ce nom paraît être formé de la base pré-latine **bes/besal*, probablement hydronymique, associée à *dunum*, "colline" puis "forteresse".

On n'a jamais vu les grecs en Gascogne !

37. Même si l'on trouve parfois, hélas ! une telle erreur dans certains ouvrages ou guides touristiques mal informés, il est vrai qu'au XIXe siècle des savants ont cru voir des noms grecs dans tous les toponymes en *-os*. A leur décharge il faut reconnaître que la toponymie et la linguistique en général n'en étaient qu'à leurs tout débuts. Foin donc de cette sotte légende ! Dans les pays d'oc il y a seulement quelques toponymes grecs, tous sur le littoral méditerranéen : **Agde** (*Agathê Tukhè* : la bonne fortune), **Antibes** (*Antipolis* : la ville située en face [de Nice]), **Leucate** (*Leukos* : blanc) ou **Nice** (*Nikë* : victoire). C'est loin de la Gascogne...

CHAPITRE III

LES FORMATIONS LATINES

De la soumission à la Novempopulanie

38. La Narbonnaise ou *Provincia Romana* s'étendait des Alpes à la Garonne. En Aquitaine elle englobait la région de Toulouse et notamment le Couserans, la région de Lectoure et la Lomagne. C'est à partir de là qu'en 56 avant J.C., Crassus entreprend la conquête des territoires d'outre-Garonne. Après la victoire de Sos (**Sos**, LG, la citadelle des Sotiates), il faut trois autres campagnes pour que les Romains soumettent définitivement les Aquitains : l'une conduite par César, l'autre par Agrippa (39-38 avant J.C.), la dernière par Valerius Messala Corvinus (27-26 avant J.C.). Les peuples aquitains ne se joignent pas au soulèvement général de la Gaule qui s'achève par la défaite de Vercingétorix à Alésia (52 avant J.C.).

A l'apogée de l'Empire romain, l'Aquitaine, territoire prospère qui fournit du blé, du vin, du fer, du marbre des Pyrénées, constitue une province séparée, le ''pays des neuf peuples'' ou **Novempopulania**. Avec leur capitale respective, ce sont les suivants : les Aturenses (**Aire-sur-Adour**), les Ausci (**Auch**, alors nommée *Elimberris*), les Bigerri (d'ou **Bigorre**, avec Tarbes), les Boiates (*Boios*, nom primitif de **Lamothe**, lieu-dit sur la commune de Le Teich, Gir., non loin du Bas-

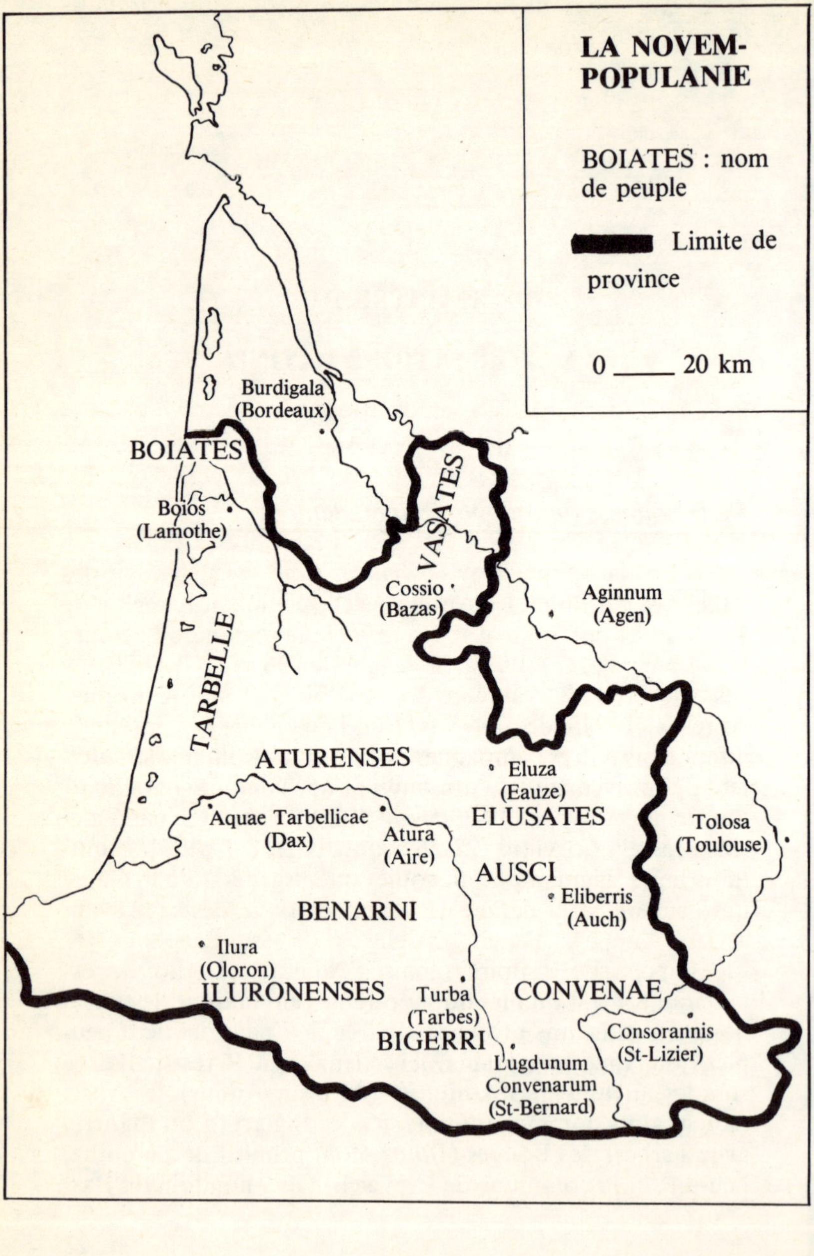
LA NOVEM-
POPULANIE
BOIATES : nom
de peuple
Limite de
province
0 ____ 20 km
Burdigala
(Bordeaux)
BOIATES
Boios
(Lamothe)
VASATES
Cossio
(Bazas)
Aginnum
(Agen)
TARBELLE
ATURENSES
Eluza
(Eauze)
ELUSATES
Aquae Tarbellicae
(Dax)
Atura
(Aire)
Tolosa
(Toulouse)
AUSCI
Eliberris
(Auch)
BENARNI
Ilura
(Oloron)
ILURONENSES
Turba
(Tarbes)
CONVENAE
BIGERRI
Consorannis
(St-Lizier)
Lugdunum
Convenarum
(St-Bernard)

sin d'Arcachon), les Consorani (Saint-Lizier, près de Saint-Girons, A, dans le COUSERANS), les Convenes (*Lugdunum Convenarum* devenue Saint-Bertrand-de-Comminges), les Elusates (*Elusa* > **Eauze**), les Lactorates (*Lactora* > **Lectoure**) et les Tarbelli (*Aquae Tarbellicae* > **Dax**, L).

Plus tard, vers le IVe siècle, l'administration romaine reconnaît trois peuples supplémentaires : les Iluronenses (**Oloron**, PA), les Vasates (**Bazas**, Gir.) et les Venarni (*Benearnum* — d'où vient le nom **Béarn** — appellation primitive de **Lescar**).

Au plan linguistique tout porte à penser que l'élément aquitain résiste assez longuement à la pénétration romaine. Si le latin, avec la civilisation du conquérant, s'impose assez facilement dans les régions de la plaine, la langue indigène — ancêtre du basque actuel — survit assez longuement dans les hautes vallées pyrénéennes et bien sûr à l'extrême ouest de la chaîne. Dans un certain nombre de zones, estiment les spécialistes (1), les deux langues durant des siècles cohabitent et leur frontière est plutôt "sociale que géographique".

Les noms en -ac(q)

39. D'origine celtique (*-akos*) le suffixe latinisé en *-acum* forme des noms de lieux entre le IIe et le IVe siècles. Il a en général une valeur d'appartenance. Aussi est-il presque toujours associé à un nom de personne soit latin, soit gaulois. Dans le nord de l'ancienne Gallia Romana il a pour équivalent les noms terminés en *-at* (Auvergne : Blanzat, Cunlhat...), en *-ach* et *-ig* (Alsace : Rouffach, Mutzig...), en *-é* (Poitou et marges armoricaines : Aubigné, Bléré, Liré...) , en *-ai* (Picardie : Cambrai, Douai), en *-ey* (Champagne et Lorraine : Briey, Pompey...) et en *-y* (Centre du Bassin Parisien : Brétigny, Ivry, Orly, Poissy...).

Dans notre domaine les toponymes en *-ac* sont assez bien représentés. On peut citer

- **Arzacq** (commune d'Arzacq-Arraziguet, PA) sur *Arsius* ;
- **Auriac** (PA) sur *Aurius* ;
- **Aurignac** (HG) sur *Orinius* ;
- **Bouliac** (Gir.) sur *Bodollus* ;
- **Cézéracq** (commune de Labastide-Cézéracq, PA) sur

Caesar ;
- **Floirac** (Gir.) sur *Florus* ;
- **Lévignacq** (L) sur *Levinius* ;
- **Listrac** (Gir.) sur *Lister* ;
- **Marciac** (G) sur *Marcius* ; tout comme **Marsac** (TG) ;
- **Mérignac** (Gir.) sur *Matrinius* ;
- **Montagnac-sur-Auvignon** (LG) ou **Montignac** (Gir.) sur *Montinius* ;
- **Nérac** (LG) sur *Nerius* ;
- **Pauillac** (Gir.) sur *Paullius* ou *Pavillius* ; tout comme **Paulhac** (G) et **Paulhiac** (LG) ;
- **Pessac** (Gir.) sur *Peccius* ;
- **Pontacq** (PA) sur *Pontius* ;
- **Préchac** (G), **Préchacq** (HP, L), **Préchacq-Josbaig** et **Préchacq-Navarrenx** (PA) sur *Priscius* ;
- **Sadirac** (Gir. et commune de Taron-Sadirac-Viellenave, PA) sur *Satirus* ;
- **Saugnac-et-Cambran** (L), **Saugnac-et-Muret** (L), **Savignac** (Gir.), **Sévignacq-Thèze** (PA) sur *Sabinius* ;
- **Teuillac** (Gir.) sur *Tullius* ;
- **Valeyrac** (Gir.) sur *Valérius*.

Cette liste n'est évidemment pas complète, mais elle donne une idée de la fréquence de ces domaines — villas aquitano-romaines plutôt que gallo-romaines — qui ont permis de fixer certains patronymes latins.

Les noms terminés par -an : surtout dans les zones de passage

40. Les noms de lieu suffixés en *-anum* > *-an* sont caractéristiques de la colonisation romaine. Ils ont été utilisés de la période "classique" jusqu'au temps des grandes invasions, mais l'on ne trouve pas de noms germaniques avec ce suffixe.

Sous une forme féminine en Languedoc ou en Provence (exemples : **Marignane**, Bouches-du-Rhône, sur Marinius ; **Clamensane**, Alpes-de-Haute-Provence, sur Clementus), sous une forme diminutive *-anicum* > *-argues* (**Marsillargues**, Hérault sur Marcellius ; **Vauvenargues**, Bouches-du-Rhône, < *Vallem Veranicam* : la vallée de Veranus), ce suffixe -*an(um)* offre de nombreux exemples en Gascogne. Les topony-

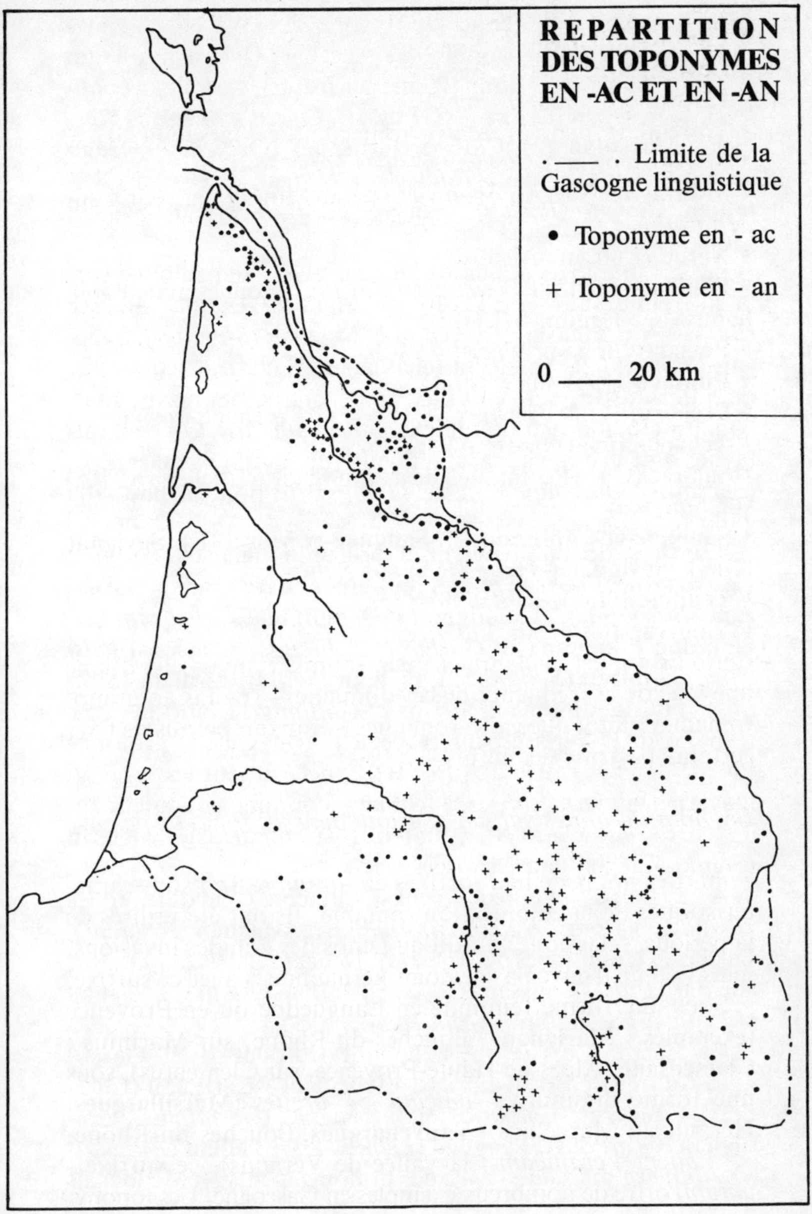
REPARTITION
DES TOPONYMES
EN -AC ET EN -AN
. ____ . Limite de la
Gascogne linguistique
• Toponyme en - ac
+ Toponyme en - an
0 ____ 20 km

mes qui le représentent, peuvent être répartis en quatre groupes correspondant à des zones de fixation des colons romains :

41. Autour de la capitale des Ausci, le Gers a beaucoup de noms de ce type : **Biran** (formé sur *Birius*), **Cadeilhan** (*Catilius*), **Corneillan** (*Cornelius*), **Lussan** (*Lucius*), **Marsan** (*Marcius*), **Marsolan** (*Martiolus*), **Orbessan** (*Orbicius*), **Ordan** (commune d'**Ordan-Larroque**, sur *Urdus*), **Preignan** (*Premius*), **Pessan** (*Pecius*), **Sansan** (2) (*Sancius* ?), **Seissan** (*Sextius*).

42. L'auréole de ces noms latins du Gers se prolonge vers la moyenne vallée de l'Adour : **Aignan** (*Annius*), **Bazian** (*Basius*), **Courrensan** (*Currentius*), **Magnan** (*Magnius*), **Sabazan** (*Sabbatius*), **Samazan** (château de Samazan, commune de Saint-Justin, sur *Samitius*, tout comme **Samazan**, LG), **Samaran** (*Samarius*), **Vergoignan** (*Verecundius*). On peut rattacher à ce groupe géographique le toponyme **Sarbazan**, L, (*Servatius*) qui, non loin du Gers, correspond à une villa gallo-romaine.

43. Près de Saint-Bertrand-de-Comminges (*Lugdunum Convenarum*) se trouvent **Aventignan** (*Aventinius*), **Barbazan** (*Barbatius*), **Frontignan-de-Comminges** (*Frontinius*), **Gourdan-Polignan** (sur *Gordus* et *Pollinius*), **Salechan** (*Salissius*), **Samuran** (*Samburus*), **Seilhan** (*Sellius*, **Siradan** (*Siradus*), **Tibiran-Jaunac** (*Tiberius et Gallinus*). L'antique voie romaine de la Ténarèse qui traverse l'Armagnac se prolonge jusque dans la vallée d'Aure (HP) où se situent les toponymes **Ancizan** (*Ancisius*), **Cadeilhan** (commune de Cadeilhan-Trachère, sur *Catilius*), **Camparan** (*Camparius*), **Estensan** (*Stentus*) et **Sailhan** (*Sallius*).

A ce groupe "pyrénéen" peut se rattacher celui qui entoure la ville de Tarbes : **Aureilhan** (*Aurelius*), **Artagnan** (*Artanius*), **Barbazan** (communes de Barbazan-Debat et Barbazan-Dessus, sur *Barbatius*), **Coussan** (*Coccius*), **Juillan** (*Julius*), **Lézignan** (*Licinius*) ou **Madiran** (*Matirius*).

44. Enfin, il existe une zone au nord-ouest de la Gascogne. Autour de Bordeaux essentiellement : **Carignan** (*Carenius*), **Caudéran** (*Caldarius* ?), **Germignan** (*Germinius*), **Gradignan** (*Gratinius*), **Léognan** (*Leonius*), **Le Taillan** (*Autellius* < *Autius*) ; mais aussi avec des prolongements en Médoc tels

que **Avensan** (*Aventius* ou *Avencius*) ou **Gaillan** (*Gallius*), et dans les Landes tels que **Aureilhan** (*Aurelius*) et **Mimizan** (*Mimesius* ou *Mimesis)*.

Autres noms latins

45. Certains noms latins se sont fixés presque sans changement. Il s'agit, entre autres, de : **Dax** (préposition *ad* + *Aquae Tarbellicae*, au IVe siècle ; dès l'époque d'Auguste en effet les eaux de cette cité thermale étaient réputées) ; **Lourde** (HG) et **Lourdes** (HP) formés sur *Lurida villa* (domaine de *Luridus*) ; **Lüe** (L) sur *Luna villa (Lunus)* ; **Parentis-en-Born** (L) et **Parenties** (commune de Guinarthe-Parenties, PA) sur *Parentinus*, et **Pompogne** (LG) sur *Pomponus*.

Du latin *fines*, "limites", les communes de **Hiis** (HP), **His** (HG), **Hinx** (L) et le lieu-dit **Croix-d'Hinx** (commune de Marcheprime, Gir.) représentent vraisemblablement des "frontières" entre deux peuples aquitains. Pour le toponyme landais il s'agit peut-être de la limite entre les Cocosates (cités dans la liste de Pline l'Ancien) dont le territoire se trouvait en gros entre Mimizan et Dax, et les Tarbelli. Avec le microtoponyme girondin l'on a — ce n'est pas à exclure — la séparation entre Bituriges Vivisci et Boiates (3).

46. Pour le cas de **Pissos** (L), il s'agit d'un nom d'homme, *Pincius* + suffixe *-ossu* > *os*.

47. En ce qui concerne l'habitat ou les établissements humains en général quelques toponymes sont intéressants. Ainsi les lieux-dits **Gleizia, Glizia** ou **Gliziaou** (< gasc. *glèisa* < *ecclesia,* "église") correspondent souvent à un ancien cimetière autour d'une église établie sur des ruines antiques ; c'est le cas à Saint-Sever, Gouts ou Tartas dans les Landes. A Sanguinet (L) le quartier de **Louse** rappelle l'ancien site de *Losa*, "cité" aujourd'hui engloutie sous les eaux du lac mais bien connue des archéologues. Près de Bordeaux **Parempuyre** (Gir.) semble contenir le latin *emporium*, "marché, place de commerce", le radical demeurant obscur.

48. On serait tenté de dater de l'Antiquité romaine la fondation des villages appelés "vics" (< latin *vicus*, "bourg, village") tels **Vic-Fezensac** (G) ou **Vic-d'Auribat** (L), mais

sans confirmation archéologique on ne peut avec certitude l'affirmer car le terme latin a été utilisé sur une longue période du premier millénaire de notre ère.

49. De même, après le IVe siècle, le terme *villa* sert à désigner les domaines ruraux, puis à partir du XIe siècle prend peu à peu le sens de village. On a ainsi **Bielle**, PA, (< gascon *vièla*, "ville"), **Bilhères-en-Ossau**, PA (< gascon *vilhèras* >latin *villelas* : "les petits domaines"), **Viella** (G, HP), **Vielle-Adour** (HP), **Vielle-Aure** (HP), **Vielle-Louron** (HP), **Vielle-Saint-Girons** (L). Cependant la prudence et la vérité historique doivent modérer l'enthousiasme étymologique : **Viellenave-d'Arthez, Viellenave-de-Navarenx** ou **Vielleségure** dans les P.A. sont des bastides médiévales ! Pour **Vielle-Tursan** (L) et **Vielle-Soubiran** (L) l'ancienneté gallo-romaine est également possible. **Virelade** (Gir.) est l'évolution gasconne de *villa lata*, "le grand domaine".

50. Les voies romaines peuvent avoir laissé leur souvenir dans la toponymie. C'est le cas avec **Caussade-Rivière** (HP) sur *calceata*, "chaussée", **Cartelègue** (Gir.) qui signifie "la quatrième lieue" (*quarta leuca* ou *leuga*) ou encore **Cestas** (Gir.), à "six lieues" de Bordeaux.

CHAPITRE IV

LES FORMATIONS GERMANIQUES

51. Rome, affaiblie par l'anarchie du Bas-Empire ne peut s'opposer, au Ve siècle, aux invasions germaniques. En 418 l'empereur doit céder l'Aquitaine aux Wisigoths qui établissent leur capitale à Toulouse. Bien sûr les traces germaniques dans la toponymie sont plus nombreuses dans le nord de la France où l'empreinte des Francs a été évidemment marquée, mais autour de Toulouse, et au-delà même en Gascogne, certains toponymes wisigothiques sont identifiables.

Il convient — comme le fait remarquer M. Grosclaude — de ne pas prendre comme fondations spécifiquement gothiques des noms de lieu issus d'un patronyme d'origine effectivement germanique, tel **Aubertin**, PA, diminutif d'Aubert < latin *Albertinus* < germanique *Adalbehrt* (*adel,* "noble" + *berht*, "brillant") ou encore **Denguin**, PA, formé de la particule nobiliaire occitane En (< latin *domine*) précédée de la préposition d' + nom germanique **Wino* ou **Wido* > Guido > Gui, qu'on doit donc comprendre comme "chez le seigneur Gui".

52. De même qu'au nord de Toulouse **Dieupentale**, TG, est indéniablement germanique (**diopen* > *tief*, "profond" + *tal*, "vallée"), on trouve des toponymes de type ethnique tels **Goudex** (HG), **Goudon** (HP), **Gouts** (L) et **Goutz** (G, LG) dérivés de "*Gots*" (les Goths).

53. Un certain nombre de toponymes sont issus de noms d'hommes germaniques. On peut citer des exemples tels que **Baudiets** (commune de Rimbez-et-Baudiets, L) sur **Bald-rik* (audacieux et puissant), **Baudignan** (L), sur **Baldo > Baldinius* (> Baudoin) + suffixe *-anum*, **Canens** (HG) et **Canenx-et-Réaux** (L) formés probablement sur **cano* + suffixe germanique *-ingos*, **Escatalens** (TG) sur **skathaling*, "personne nuisible", **Estigarde** (L) sur **wardarer* > garder + *aestuariu*, "canal" (= poste de guet sur un ruisseau), **Gondrin** (G) sur **gund* (combat) + *rin* (courir), **Gratens** (HG) sur **crato* + suffixe *-ingos*, **Rimbez** (L) sur **Reginbert* ou **Tonneins** (LG).

CHAPITRE V

LES FORMATIONS GASCONNES

54. Toponymes ou surtout microtoponymes, les formations occitanes sont, de loin, les plus importantes. Elles constituent le maillage très dense des communes, des écarts et même des parcelles cadastrales. Leur sens est généralement assez clair à la lumière de la langue du pays. Dans ces régions occidentales des pays d'oc le dialecte gascon offre toutes les nuances de ses parlers qui ont évidemment influencé la désignation des lieux. Cependant, les "grandes familles" de la toponymie restent toujours dominantes : la topographie, la nature du sol, la végétation et les activités agricoles ou pastorales constituent les thèmes les plus représentés.

Du latin au gascon

55. Dans la Gaule, latinisée peu à peu, sont successivement parlés le gaulois (4) — sauf en Aquitaine où existe une langue différente — puis de façon concomitante (période de bilinguisme ou plutôt de diglossie) le gaulois et le latin, et enfin un latin de plus en plus déformé, qu'on appelle, à compter du Ve siècle, le gallo-roman. Dans notre région — si peu celtisée — il s'agit en fait de l'aquitano-roman.

Cependant qu'au début du VIe siècle le roi des Francs, Hlodwig (Clovis), contrôle toute la Gaule et même, après la bataille de Vouillé (507) la plus grande partie de l'Aquitaine, l'aristocratie mérovingienne, puis carolingienne, outre sa propre langue, utilise le gallo-roman. Au nord l'apport francique (= germanique) est important. Ainsi s'explique la différenciation entre le dialecte d'oïl (latin *hoc-ille* > o-il > oui) et les parlers d'oc (latin *hoc* > *oc*) au sud, restés beaucoup plus proches du latin.

Mais, en même temps, les Vascons, sans doute chassés vers le nord par les Wisigoths, descendent des Pyrénées et atteignent, peut-on penser, la Garonne. A partir de ce moment la région prend le nom de Vasconie ou Gascogne (VIe-XIe siècles). En 670 le duc Loup (Aquitain de la plaine ? Vascon ? indépendant ou vassal des Francs ?) règne sur la Vasconie. Au VIIIe siècle un chef vascon, Odon, tente de régner sur une grande Aquitaine. Les Francs essaient de réduire ces régions turbulentes et connaissent parfois quelques déboires (exemple : à Roncevaux, 778).

A travers les différents cartulaires de cette époque relativement peu fournie en documents écrits on voit la famille des ducs Sanche dominer la Gascogne. Entre Sanche Garcie, Guillaume Sanche (**Guilhem-Sans**, nom de famille encore porté aujourd'hui) ou Gombaud le territoire se fragmente en comtés et vicomtés : Armagnac, Fézensac, Bigorre, Béarn, Marsan, Lomagne, Bordeaux, etc...

Au fil de ces siècles assez énigmatiques se fixe petit à petit la langue gasconne. Dans ses grandes lignes elle est pratiquement établie au cours du XIIIe siècle. Un des plus anciens textes en gascon que l'on connaisse est celui des Coutumes de Corneillan près de Riscle (G) ; on le date de 1142-1143.

Si politiquement et donc "administrativement" cette période est assez confuse, elle n'en a pas moins laissé des traces dans la toponymie.

Une forte empreinte religieuse : les hagiotoponymes

56. Dans le *Dictionnaire national des communes de France,* 128 pages serrées sont réservées aux villages, cités ou lieux-dits commençant par Saint ou Sainte : plus de 3 500 au total sur plus de 36 000 communes. La Gascogne n'échappe pas

à cette large distribution. La religion chrétienne ayant comme ailleurs étendu son empreinte, on y trouve les cohortes rapprochées des saints légendaires ou attestés. Il est intéressant d'en voir le traitement par la phonétique gasconne.

57. Le culte particulier du Christ sauveur des hommes se retrouve dans les **Saint-Sauveur** (Gir., HG, L) ; à ne pas confondre avec **Saint-Salvy** (LG) ou **Saint-Sauvy** (G) issus de saint *Salvius*, évêque d'Albi au VIe siècle.

58. Parmi les saints auxquels beaucoup d'églises sont dédiées on trouve d'abord les apôtres :

— **Saint Pierre**, dont la forme gasconne est **Pé** ou **Pey** (*Pèir* en graphie gasconne normale) : **Saint-Pé-d'Ardet** (HG), **Saint-Pé-de-Bigorre** (HP), **Saint-Pé-Delbosc** (HG), **Saint-Pé-de-Léren** (PA), et en Gironde **Saint-Pey-d'Armens** et **Saint-Pey-de-Castets**. A Bordeaux la place sur laquelle est édifiée la cathédrale rappelle le dernier archevêque du temps de la Guyenne anglaise, un Médocain au prénom bien gascon : Pey Berland.

— **Saint Jacques**, notamment sur les "*camins romius*", c'est-à-dire les routes de pélerinage vers *Santiago-de-Compostela* qui se rejoignaient à Ostabat, au Pays Basque, juste avant les ports de Cize (Saint-Jean-Pied-de-Port). On peut en trouver la forme presque gasconne en Béarn avec **Saint-Jammes** (*Sent-Jacme* en 1376), et la forme quasiment ibérique dans **Saint-Yaguen** (L).

— Saint Jean, assez largement représenté. On peut retenir les cas de **Saint-Jean-Poudge** (PA) qui est mentionné *Sanctus Johannes de Podio* en 1101 (Cartulaire de Lescar. Marca. *Histoire du Béarn*), et de **Saint-Jean-Poutge** (G). Le mot poudge/poutge (gascon *potge*, "côteau", < latin *podia*, pluriel de *podium*) désigne une hauteur. On a remarqué que les chemins jalonnés de lieux-dits **Poutge** sont souvent d'anciens chemins de crête correspondant parfois à de très anciennes routes.

— Saint Paul protège **Saint-Paul** (HP), **Saint-Paul-de-Baïse** (G), **Saint-Paul-lès-Dax** (L), **Saint-Paul-d'Oueil** (HG) ou **Saint-Paul-en-Born** (L). Pour ce dernier village il est intéressant de noter qu'au lieu-dit **Tuc de l'Église** a été découverte l'antique station de **Segosa**, mentionnée dans l'*Itinéraire* *d'Antonin.*

— Saint André se retrouve dans le Gers et en Haute-Garonne, en Gironde (**Saint-André-de-Cubzac** et **Saint-André-du-Bois**) et dans les Landes (**Saint-André-de-Seignanx**).

— Un **Saint-Barthélémy** existe dans les Landes.

59. Le culte de certains évêques qui se sont prodigués pour leurs ouailles, s'est également répandu :

— Saint Avit (évêque de Vienne, mort vers 525 ; à moins qu'il ne s'agisse de l'ermite de la région d'Orléans, mort en 530) existe dans le Gers (**Saint-Avit-Frandat**), dans les Landes, et aussi dans les Pyrénées-Atlantiques sous la forme plus gasconne (v = b), **Saint-Abit**.

— Saint Aubin, en Gironde (**Saint-Aubin-de-Blaye, de-Branne, de-Médoc**) et dans les Landes, évoque *Albinus*, évêque de Lyon au IVe siècle ou évêque d'Angers, au VIe siècle.

— **Saint-Emilion**, qui n'existe évidemment qu'en Gironde, rappelle l'évêque de Nantes, au VIIIe siècle.

— Aucun village de Gascogne ne porte le nom de Saint Eutrope, mais le culte du premier évêque de Saintes (Charente-Maritime) se fait à travers certaines fontaines guérisseuses des Landes de Gascogne (notamment à Cère, Saint-Maurice-sur-Adour, Sainte-Eulalie, Barbazan, Saugnacq-et-Muret, Taller et Trensacq, L). Curieusement on lie l'hagionyme à la fonction guérisseuse (saint Eutrope guérit les "estropiés", comme saint Clair soigne la vue). (5)

— Saint Faust (évêque du Ve siècle) n'est représenté que par un village du canton de Jurançon (PA), mais est le vocable de nombreuses paroisses du Gers.

— **Saint-Germé** (G), tout comme **Saint-Germier** (G, HG), a pour origine Garimar, évêque de Toulouse au VIe siècle.

— Saint Gladie n'a jamais existé, mais un village porte ce nom dans les Pyrénées-Atlantiques. M. Grosclaude explique que c'est par une confusion tardive avec saint Jean-Baptiste qui a été décapité par le glaive (*gladiatus*) que le toponyme s'est ainsi fixé. En fait il s'agirait de saint Lidoire (*Lidorius* ou *Litorius*), évêque de Tours, mort en 370.

— **Saint Girons** (*Gerontius*, évêque de Milan au Ve siècle) est représenté en Ariège, dans les Landes (commune de **Vielle-Saint-Girons**), et dans les Pyrénées-Atlantiques. Mais il peut s'agir aussi d'un martyr d'Aire du IVe siècle.

— **Saint-Justin** (G, L) rappelle le premier évêque de Tarbes au Ve siècle.

— **Saint-Léger** (LG) et **Saint-Léger-de-Balson** (Gir.) peuvent représenter l'évêque d'Autun au VIIe s, mais plus vraisemblablement, un évêque de Saintes du VIIe siècle.

— Saint Martin (évêque de Tours, IVe siècle) a certainement le plus de vocables en France. En Gascogne on trouve **Saint-Martin** (G), **Saint-Martin-de-Noët** (commune de Saint-Justin, L), **Saint-Martin-Curton** (LG), **Saint-Martin-d'Armagnac** (G), **Saint-Martin-de-Hinx** (L), **Saint-Martin-de-Lerm** (Gir.) **Saint-Martin-de-Seignanx** (L), **Saint-Martin-de-Sescas** (Gir.), **Saint-Martin-du-Puy** (Gir.), **Saint-Martin-Gimois** (G), **Saint-Martin-d'Oney** et **Saint-Martin-Petit** (LG).

— **Saint Médard** (évêque de Noyon, V^e-VIe siècles) est représenté en Haute-Garonne, dans le Gers, dans les Landes, les Pyrénées-Atlantiques et la Gironde (**Saint-Médard-d'Eyrans** et **Saint-Médard-en-Jalles**). Dans le Gers, **Saint-Mézard** correspond au passage du d intervocalique > sifflante fréquent en Gascogne orientale.

— Saint Mommelin (*Mummolenus*, évêque de Noyon et Tournai, au VIIe s.) n'a pas donné de toponyme en Gascogne, mais son culte est arrivé jusqu'à **Aureilhan** (L).

— **Saint-Morillon** (Gir.) rappelle Maurilius, évêque d'Angers au Ve siècle.

— Saint Orens, évêque d'Auch au Ve siècle, est passé sous la forme de toponyme dans le Gers (**Saint-Orens, Saint-Orens-Pouy-Petit**) et en Haute-Garonne (**Saint-Orens-de-Gameville**).

— **Saint-Sardos** (TG) provient de Sacerdos, évêque de Limoges à la fin du VIIe siècle.

— Saint Seurin, évolution de *Severinus*, évêque de Bordeaux au Ve siècle, a évidemment plusieurs représentants en Guyenne (**Saint-Seurin-de-Bourg ; de-Cadourne ; de-Cursac ; sur-l'Isle**).

— Saint Sulpice (évêque de Bourges au VIe siècle) a un culte relativement répandu en Gironde (**Saint-Sulpice-de-Faleyrens ; -de-Guilleragues ; -de-Pommiers ; -et-Cameyrac**) et en Haute-Garonne (**Saint-Sulpice-sur-Lèze**).

— Saint Vivien fut lui aussi évêque de Saintes au Ve siècle. D'où son culte dans les zones proches de la Gironde (**Saint-Vivien-de-Blaye, Saint-Vivien-du-Médoc, Saint-Vivien-de-Monségur**).

— **Saint-Yzan-de-Soudiac** (Gir.) et **Saint-Yzans-de-Médoc** (Gir.) correspondent à une cacographie de **Saint-Dizant** < *Dicentius*, évêque de Saintes au VIIIe siècle.

60. La vénération populaire s'est aussi portée sur un certain nombre de martyrs :

— Saint Cricq (nom de deux martyrs du IVe siècle en Cilicie et à Alexandrie) est l'évolution gasconne de Cyricus. **Saint-Cricq** (G), **Saint-Cricq-Chalosse** (L) et **Saint-Cricq-du-Gave** (L) en sont les représentants. Ils correspondent aux **Saint-Cirq, Saint-Cergues, Saint-Cirice, Saint-Cirgue, Saint-Cierge** ou **Saint-Cyr** d'autres régions.

— **Saint-Estèphe** (Gir.) est une forme méridionale, tout comme **Saint-Estève** (Pyrénées-Orientales), de *Stephanos* (> Etienne) le premier martyr.

— **Saint-Gaudens** (HG), tout comme probablement **Saint-Goin** (PA), est dérivé de *Gaudentius*, martyr toulousain en 475.

— **Saint-Gein** (L) correspondrait à *Genius*, martyrisé à Lectoure, plutôt qu'à *Eugendus*, abbé de Condat, au VIe siècle.

— D'où viennent les **Saint-Genès** ? D'un martyr romain sous Dioclétien ou de l'archevêque de Lyon au VIIe siècle ? On ne sait au juste. En Gascogne existent les **Saint-Genès-de-Blaye, -de-Castillon, -de-Fronsac,** et **-de-Lombaud** en Gironde, et dans le même département **Saint-Genis-du-Bois.** Avant que la bastide de Mont-de-Marsan ne fut fondée en 1133 par Pierre de Lobaner, existait tout près de la confluence de la Douze et du Midou une paroisse appelée **Saint-Genès-des-Vallées**.

— **Saint Georges**, le "grand martyr" cappadocien du IVe siècle, a donné un **Saint-Georges** dans le Gers et, dans les Landes, **Saint-Geours-d'Auribat** et **Saint-Geours-de-Maremne** (*Sen Jorz*, en 1105).

— Selon la *Légende dorée,* on peut hésiter sur plusieurs **Saint Julien**. En Gascogne existent deux toponymes à son vocable : **Saint-Julien-en-Born** (L) et **Saint-Julien-Beychevelle** (Gir.). On peut rappeler la signification du lieu-dit où se trouve le château entouré de son vignoble réputé : la bâtisse du XVIIIe siècle a été édifiée à un endroit devant lequel les navires remontant l'estuaire de la Gironde baissaient leurs voiles pour s'acquitter d'un péage avant de continuer vers Bordeaux. D'où le nom gascon : *baisha vela* > Beychevelle, "baisse [la] voile".

— Saint Laurent, dit la légende, périt grillé... Est-ce la raison pour laquelle son culte est si étendu ? Dans notre région, outre **Saint-Laurent** (HG, LG), on trouve **Saint-Laurent-Bretagne** (PA), **-d'Arce** (Gir.), **-de-Gosse** (L), **-de-Neste** (HP), **-des-Combes** (Gir.), **-du-Bois** (Gir.), **-du-Plan** (Gir.), **-et-Benon** (Gir.).

— Un certain *Lupercius*, martyr à Eauze au IIIe siècle, serait à l'origine de **Saint-Loube** (G), **Saint-Loubert** (Gir.), **Saint-Loubès** (Gir.) et **Saint-Loubouer** (L).

— **Saint-Martory** (HG) provient de *Martyrius*, martyr à Constantinople au IVe siècle.

— On peut rapprocher **Saint-Pandelon** (L) des **Saint-Pantaléon** de Dordogne, Lot ou Vaucluse. A l'origine, le culte d'un martyr d'Orient du IVe siècle, Pantaleo.

— Saint Symphorien, martyr autunois du IIe siècle, a donné plus d'une trentaine d'hagiotoponymes en France, mais il n'y a, en Gascogne, que le village de la Lande girondine, cher à François Mauriac.

61. Parmi les autres saints légendaires il en est deux qui ont fourni d'assez nombreux hagiotoponymes en Gascogne

— Saint Christophe (*Christophoros*, celui qui aida le Christ à franchir un fleuve en le portant sur ses épaules) apparaît sous plusieurs formes dans la zone gasconne : **Saint-Christau** (commune de Lurbe-Saint-Christau, PA), **Saint-Christaud** (G), **Saint-Christoly-de-Blaye** (Gir.) et **Saint-Christoly-Médoc** (Gir.), et bien sûr **Saint-Christophe (-des-Bardes**, Gir., et **-de-Double**, Gir.).

— Saint Michel, archange, apparaît dans de nombreux toponymes dans le Gers, la Haute-Garonne, la Gironde (**Saint-Michel-de-Fronsac, -de-Lapujade, -de-Rieufret**), et les Landes (**Saint-Michel-Escalus**).

62. Enfin existent des paroisses dont on a quelque peine à préciser l'étymologie :

— **Saint-Boès** (PA) paraît être un faux hagionyme.

— **Saint-Castin** (PA) semble encore plus obscur.

— **Saint-Dos** (PA) doit être aussi un faux hagionyme. M. Grosclaude y voit plutôt un nom aquitain *Sende* avec le suffixe aquitaine *-ossum* (domaine de Sende ?).

— **Saint-Gor** (L) : on ne possède pour cette paroisse landaise que l'attestation *Sanagorensis.*

— **Saint-Mont** (G), bien qu'issu du nom roman *Mons*, ne vient pas d'un saint à proprement parler. Pourtant les évêques gascons s'y réunissent à plusieurs reprises jusqu'à ce que le seigneur ''local'', Géraud de Saint-Mont, y fonde en 1040 un monastère. C'est donc un peu le centre historique de la Gascogne, sans doute le prolongement — sanctifié par la tradition populaire — d'un lieu quelque peu sacré dans l'imaginaire collectif depuis des temps immémoriaux. (6)

— **Saint-Sever** (L), comme **Saint-Sève** (Gir.) et **Saint-Sever-de-Rustan** (HP) semble venir de Severus. Après la fondation de l'abbaye du **Cap-de-Gascogne** (autre dénomination de **Saint-Sever)** à la fin du Xe siècle, la ''propagande monastique'' fit de Sever un martyr et lui forgea une vie fabuleuse. Mais quelle est la part de vérité ?

63. Restent les saintes. Elles sont à l'évidence moins nombreuses.

— Sainte Agnès, vierge exemplaire du temps de Dioclétien, a donné, autre cacographie, **Saint-Agnet** (L).

— **Sainte-Christie** (G) et **Sainte-Christie-d'Armagnac** (G) sont les formes gasconnes de sainte Christine (martyre sous Dioclétien, *Christina* > *Christia* par chute du n intervocalique).

— **Sainte-Colombe** (Gir., L) **Sainte-Colombe-en-Bruilhois** (LG) évoquent la martyre de Sens, en 273, tout comme — dans sa forme gasconne (mb > m) — **Sainte-Colome** (PA).

— Sainte Eulalie, martyrisée à Barcelone en 304, a donné bien sûr **Sainte-Eulalie** (Gir.) et **Sainte-Eulalie-en-Born** (L), mais également **Saint-Araille** (HG), **Sainte-Arailles** (G), **Sentaraille** (commune de Lorp-Sentaraille, A) et **Xaintrailles** (LG). Cette mutation s'explique ainsi : *Sancta Eulalia* > *Sancta Lalia* (aphérèse) > *Santa Ralia* (rhotacisme) > *Santa Aralha* (a prothétique) > *sentaralha*, graphié faussement saint-Araille(s) ou Xaintrailles.

— **Sainte-Gemme** (G, Gir.) et **Sainte-Gemme-Martaillac** (LG) tirent leur nom de Gemma, saintes d'Aquitaine et d'Afrique.

— Sainte Foy (< latin *Fides*) fut martyrisée à Agen sous Dioclétien. Cinq communes gardent dans leur nom son souvenir : **Sainte-Foy** (L), **Sainte-Foy-de-Peyrolières** (HG), **Sainte-Foy-la-Grande** (Gir.), **Sainte-Foy-la-Longue** (Gir.).

— **Sainte-Livrade** (HG), tout comme **Sainte-Livrade** (LG) déjà en zone de parler languedocien, tire son nom de *Liberata*, vierge et martyre de l'Agenais au IVe siècle.

— Sainte Quitterie, rangée par Grégoire de Tours parmi les confesseurs, est devenue ensuite — grâce aux clercs aturins ? — martyre et sainte. Princesse wisigothe convertie au christianisme, elle refusa d'abjurer et fut décapitée : elle prit sa tête qui venait de rouler à terre et la porta à l 'endroit où jaillit encore une source. C'est la patronne d'Aire-sur-Adour. Aucune commune ne porte son nom, mais dans les Landes, quatorze sources **Sainte-Quitterie** (*Senta Quitèira* en gascon)ont été dénombrées.

— **Sainte-Radegonde** (G, Gir.) correspond au culte d'une certaine Radegundis, femme de Clotaire Ier, roi des Francs, morte religieuse, au VIe siècle.

Une période féconde : du XIe au XIIIe siècles

64. Après les temps incertains qui précèdent l'an Mil, la période suivante correspond à une véritable période de renouveau. Un certain dynamisme démographique étant retrouvé, des villes qui avaient pu être abandonnées ou même détruites lors de raids Vikings (Agen, Aire, Bayonne, Benearnum/Lescar, Condom, Dax, Eauze...), sont reconstruites et reprennent vie. Autour d'un château en bois ou en pierre — ouvrage défensif généralement construit sur un tertre naturel ou artificiel (gascon *mòta* > motte) ou bien sûr un éperon rocheux — se développent des villages. Bien évidemment l'Eglise joue son rôle et les fondations monastiques se multiplient. On a besoin de terres : on les prend sur la forêt, on assèche des marécages, on défriche la lande. Dans les bourgs fondés par l'Eglise, les sauvetés, les habitants (*poblants* :

colons) bénéficient de franchises. Tout comme dans les bastides (gascon *bastida*, participe passé du verbe *bastir*, "bâtir") édifiées soit dans les zones frontières, pour des raisons de sécurité, soit pour jouer tout simplement un rôle économique (attirer les marchands, les artisans et les foires).

Casteras, Casteths, Mottes et Castelnaus

65. Dans le foisonnement des créations paroissiales au XIe et au XIIe siècles, il convient d'être clair, car la toponymie est riche en appellatifs parfois voisins, mais qui ne recouvrent pas toujours la même réalité. Pétri d'images déformées, voire de clichés, l'imaginaire collectif pense au château-fort, et peut-être à ses manants, dès qu'on évoque le Moyen Age. Certes l'architccture défensive finit par produire des ouvrages remarquables qu'on embellit même en les restaurant au temps du Romantisme. Cependant si le *castellum* ou le *castrum* de la scripta médiévale désignent bien un point fortifié, plusieurs dérivés gascons représentent des notions qui sont différentes ou qui ont évolué dans le temps.

66. Le gascon *casterar* désigne un camp, une motte féodale, une place forte, l'équivalent d'un *oppidum*. Il faut imaginer que le château primitif était en général modeste, de bois, puis de pierre, installé sur un site défensif naturel (tertre, éperon rocheux, confluence...) ou sur une hauteur artificielle (motte), associée ou non à une hauteur. Les exemples types en sont la "motte" des Albret, à **Labrit** (L), berceau de la célèbre famille gasconne, celle de Monlezun (G) ou celle de Sainte-Christie-d'Armagnac (G). On trouve plusieurs toponymes de ce type : le **Castéra** (HG) ; **Castéra-Bouzet** (TG), **C.-Lanusse** (HP), **C.-Lectourois** (G), **C.-Lon** (HP), **C.-Loubix** (PA), **C.-Verduzan** (G), **C.-Vignoles** (HG).

Dans la microtoponymie existent parfois des lieux-dits **Castéra** correspondant souvent à des vestiges, apparents ou recouverts de terre et de végétation, fort anciens.

67. Du latin *castellum* est issu *castèl/castèth*, "château". Bon nombre de villages gardent dans leur nom le souvenir de l'édifice, encore existant ou complètement ruiné, voire détruit, qui en est à l'origine. Citons **Castet** (PA) ; **Castets**

(L) ; **Castets-en-Dorthe** (Gir.) ; **Castex** et **C.-d'Armagnac** (G) ; et les composés **Castet-Arrouy** (G), le "château rouge" ; **Castetbon** (PA) ; **Castetis** (PA) soit *casteg* (graphie médiévale) + *hins* (limite), c'est-à-dire "le château ou le bourg de la limite", **Castetner** (PA), le "château noir" ; **Castetnau-Camblong** (PA), le "chateau neuf" près du "champ long" ; **Castetpugon** (PA) ou, selon M. Grosclaude, le "château sur un sommet arrondi", et enfin **Narcastet** (PA), "le château d'Aner ou [As]nar".

En composé avec la forme languedocienne *castèl* on peut mentionner **Castelbajac** (HP), **Castelbiague** (HG), **Castelferrus** (TG), **Castelgaillard** (HG), **Castelginest** (HG), **Casteljaloux** (LG), **Castelmaurou** (HG) et **Castelmayran** (TG).

68. Des diminutifs ont été formés sur *castèl* : **Casterets** (HP) par passage du -ll > r, **Casteron** (G) et bien sûr tous les **Castillon** (HP, PA) et **Castillon-Debats** (G), **C.-de-Castets** (Gir.), **C.-de-Larboust** (HG), **C.-de-Saint-Martory** (HG) : **C.-de-Couserans** (A), **C.-la-Bataille** (Gir.) en souvenir de la défaite des Anglo-Gascons en 1453, **C.-Massas** (G) et **C.-Savès** (G).

69. Le terme *mòta*, "butte naturelle ou artificielle" a formé beaucoup de lieux-dits (notamment en Gironde, dans la commune de Le Teich, où a été découverte la "cité" des Boï/Boiates) et les toponymes **Lamothe** (L), **Lamothe-Cumont** (TG), **L.-Goas** (G), **L.-Landerron** (Gir.). On peut en trouver des diminutifs tels que **Moutet** ou **Moutin**, qui pour l'archéologue sont parfois des indices d'anciennes constructions.

70. Les châteaux ont pu donner naissance à de petites agglomérations, des bourgades adossées à leur forteresse. Parfois de façon spontanée, parfois de manière organisée. Ces nouveaux villages sont généralement appelés "*castelnaus*" par les historiens. On a ainsi **Castelnau-Barbarens** (G), **Castelnau-sur-Auvignon** (G) autrefois **Castelnau-Fimarcon, Castelnau-Magnoac** (HP), **Castelnau-Tursan** (L), et également **C.-Chalosse** (L), **C.-d'Anglès** (G), **C.-d'Arbieu** (G), **C.-d'Auzan** (G), **C.-de-Médoc** (Gir.), **C.-Picampeau** (HG) ou **C.-Rivière-Basse** (HP).

Cependant d'autres communes ont pour origine un phénomène de castelnau tout en conservant un nom différent. Entre autres exemples on peut citer **Auvillar** (TG), **Corneil-**

lan (G), **L'Isle-de-Noé** (G), **Lezat-sur-Lèze** (A), **Monlezun** (G), **Mugron** (L), **Muret** (HG), **Pau** (PA) vraisemblablement, **Salles-Mongiscard** (PA) formé sur *sala* (< *francique *saal*, "château") et *mont* + Guiscard (< germanique *Wisishardt*), **Simorre** (G) ou encore **Sainte-Christie-d'Armagnac** (G).

Des villes nouvelles, les bastides

71. Dès les XIe et XIIe siècles en Périgord, Agenais ou Languedoc, un peu plus tard en Gascogne et en Béarn, sont édifiées des bastides. L'Eglise, un monastère ou un seigneur, afin de gagner de l'argent, mettent en vente — pas trop cher ! — des terrains. On y bâtit un petit village, avec souvent des rues à angle droit autour d'une place centrale (*marcadiu* ou *marcadieu* : lieu du marché), entouré de murailles et parfois de fossés. Surtout aux frontières de la Vicomté de Béarn ou de l'Aquitaine anglo-gasconne pour des raisons militaires. Mais le "promoteur" cherche également à créer, à l'intérieur de son domaine, des zones de plus grande prospérité économique. Anglaises, capétiennes ou seigneuriales, quel nom portent-elles ?

72. Il y a d'abord des noms de villes prestigieuses d'Europe : **Barcelonne-du-Gers** (G) baptisée ainsi en 1353 après s'être appelée **Cosset** (7) ; **Boulogne-sur-Gesse** (HG) ; **Bruges** (PA) fondée en 1357 ; **Cologne** (G) ; **Fleurance** (G) d'après Florence ; **Gan** (PA) édifiée en 1335 et portant comme **Tournay** (HP) le souvenir des campagnes de Flandre de Gaston II de Foix ; **Geaune** (L) correspond à Gênes car son fondateur, le sénéchal Antonio di Pessagno, en était originaire ; **Grenade-sur-l'Adour** (L) et **Grenade** (HG) ; **Londres** (commune de Puymiclan, LG) n'est aujourd'hui qu'un écart ; **Miélan** (G), **Pavie** (G), **Plaisance-du-Gers** (G) et **Plaisance-du-Touch** (HG) rappellent des cités italiennes ; **Toulouzette** (L) ; **Valence-sur-Baïse** (G) correspond à un transfert du célèbre nom espagnol. **Nicole** (LG) est la déformation "gasconne" de Lincoln...

73. Parfois — défaut d'imagination ? — ces bastides se réfèrent simplement au fief où elles se situent, à la province... ou à rien... : **Labastide-d'Armagnac** (L) fondée en 1221 ; **Labastide-Chalosse** (L) en 1327 ; **Labastide-Clairence** (PA),

achevée en 1316, sur des terres appartenant au roi de Navarre (alors Philippe le Bel grâce à sa femme), et donc ‘‘enclavée’’ en zone basque ; **Labastide-Clermont** (HG) ; **Labastide-Savès** (G) ; ou enfin **Labastide-Villefranche** (PA) qui est en somme une tautologie (*bastida* = construction nouvelle + *vièla franca* = ville à laquelle des franchises ont été accordées).

74. Quelques unes portent le nom de l’officier chargé de l’implantation . Au sud de Bordeaux, sur un territoire limitrophe de Talence et de Villenave-d’Ornon, il y eut une éphémère bastide appelée **Baa**, du nom de l’évêque de Bath ; **Beaumarchès** (G) vient d’Eustache de Beaumarchais, sénéchal de Toulouse, fondateur d’une vingtaine de bourgades ; le sénéchal Jean de Hastings perdure dans **Hastingues** (L) fondée en 1289 ; **Libourne** (G) est la déformation de Roger de Leyburn, lieutenant du roi-duc ; **Rébénacq** (PA) doit son nom à Jean de Rébénacq qui, en 1347, commandé par le vicomte Gaston Fébus, est chargé de la construction ; et **Rabastens-de-Bigorre** (HP) est fondée en 1301 par Guillaume de Rabastens.

75. On peut supposer que, pour attirer des colons, les initiateurs de ces projets donnent à l’opération un nom attractif ou flatteur : Ne serait-ce point le cas pour **Bougarber** (PA) fondée en 1380, dont l’appellation officielle en 1385 est Borc Garber (*borg garbèr* = bourg qui produit du blé, fertile) et pour **Lestelle** (commune de Lestelle-Bétharram, PA), ‘‘l’étoile’’ ? **Montréal** (G), **Montréjeau** (HG) et **Réjaumont** (G, HP), c’est-à-dire ‘‘*mont reiau*’’, font référence directement au roi. C’est le cas également de **Labastide-Monréjean** (PA) qui, malgré son nom officiel, est couramment appelée Lahore (*lahòra* = là-bas, à l’écart), car en fait cette implantation ne fut jamais terminée.

76. Un peu dans le même registre certains noms évoquent la sécurité ou un emplacement judicieux : **Bonnegarde** (L) ; **Montfort-en-Chalosse** (L), ou bien **Vielleségure** (PA), fondée en 1343 (*vièla* = ville + *segura* = sûre, fortifiée).

77. Enfin nombre de bastides portent tout simplement le nom de l’ancien village ou du hameau près duquel ou à partir duquel elles ont été développées : **Arthez-d’Armagnac** (L), créée en 1320, sur un lieu-dit Artès (radical pré-latin **arte*,

"broussaille" + suffixe *-etz* > *és* à valeur collective) ; **Asson** (PA) édifiée en 1232, non loin de **Nay** ; **Bellocq** (PA), première bastide béarnaise (1281) fondée sur un "beaulieu" (*bèth lòc*) ; **Buanes** (L), en 1346 ; **Gimont** (G) ; **Labouheyre** (L) ; **Marciac** et **Masseube** (G) ; **Mont-de-Marsan** (L) fondée en 1133 par le Vicomte de Marsan ; ou encore **Pimbo** (L), à valeur oronymique.

Sous la protection de l'Eglise, les sauvetés

78. Entre 1050 environ et les premières années du XIIe siècle l'Eglise canalise en partie l'essor du peuplement dans ses habitats nouveaux, les sauvetés (*salvetat* en languedocien, *sauvetat* en gascon). Des croix jalonnent le périmètre de chaque territoire, divisé en *casaus* (enclos à bâtir avec jardin) et en terres labourables. Des colons qui viennent s'y installer obtiennent la liberté. Qu'en reste-t-il dans la toponymie ?

79. On peut d'abord signaler des noms en somme génériques : **Sauveterre-de-Béarn** (PA), **-de-Comminges** (HG), **-de-Guyenne** (Gir.), **-Saint-Denis** (LG), pour des formes francisées ; **La Sauvetat** (G), **La Sauvetat-du-Dropt** (LG), **La Salvetat-Saint-Gilles** (HG) et **Lasseubetat** (PA) — qui n'est nullement un diminutif de **Lasseube**, le chef-lieu de canton voisin — pour des formes restées occitanes.

80. Par ailleurs des sauvetés ont gardé le nom de lieu préexistant à l'endroit où elles ont été établies, ou bien correspondant à un hagiotoponyme : **Lahage** (HG), **La Romieu** (G) sur un itinéraire jacobite (occitan *romiu/romieu* < *romaeus*, "qui va à Rome, pélerin"), **Mimizan** (L) où existent encore les pyramides surmontées d'une croix matérialisant le périmètre de sauveté, **Nogaro** (G) fondée par l'archevêque d'Auch sur une terre lui appartenant sans doute plantée de noyers (*nogar*, "lieu planté de noyers + suffixe diminutif *-eolum* : *Nogarèu* > Nogaro), **Poucharramet** (HG) où devait s'élever une hauteur boisée (*podium* > *puèg/puòg*, "colline" + *arramet*, "bosquet"), **Saint-Clar-de-Rivière** (HG) ou encore **Saint-Nicolas-de-la-Grave** (TG) juste en face de l'abbaye de **Moissac**.

Les hauteurs

La toponymie en général décrit fréquemment les formes du relief. Les plus anciennes racines pré-latines, on l'a vu, concernent largement la montagne, les rochers et les vallées.

81. **Tuc** ou **Truc** représentent une "hauteur" en général. C'est un microtoponyme très répandu en Gascogne avec ses variantes diminutives **Tucole, Tucon, Tucoo** (graphie béarnaise ancienne), **Tuquet** (7bis). Dans la forêt usagère de La Teste (Gir.) une superbe tautologie est mentionnée sur les cartes : le **Truc de la Truque**. Sur le cadastre moderne de Pissos (L) figure une amusante déformation, **Les Turcqs**. En Haute-Lande également (Cazalis, Liposthey, Sore) on trouve des lieux-dits **Douc**, correspondant à des dunes continentales. A la racine de ce nom gascon se situe évidemment le pré-latin **kuk* qu'on décèle dans **Cumont** (TG), **Cuq** (LG) ou **Suc-et-Sentenac** (A).

82. **Mont**, "mont" : d'innombrables lieux, sur une hauteur avec un déterminatif, sont ainsi désignés. Si, par exemple, deux villages béarnais s'appellent **Mont**, si la petite église de **Mons** (commune de Belin-Beliet, Gir.) près du passage de l'Eyre abrite, dit-on, les restes des compagnons de Roland, on peut également noter : **Montagut** (PA), "le mont pointu" : **Montaigut-sur-Save** (HG) ; **Montégut** (A, G, L, HG) ; **Montardon** (PA), "le mont arrondi" (gascon *arredon*) ; **Montastruc** (HP, HG), **M.-Savès** (HG), **Montestruc-sur-Gers** (G) et **Montestrucq** (PA), le "mont heureux", c'est-à-dire "bien situé" (*astruc*, "né sous une bonne étoile, heureux"), **Montaut** (HG, G, L, PA), "le mont élevé" (*[h]aut* < *altum*) ; **Montauzey** (commune de Belhade, L), "la hauteur couverte de chênes tauzins" (tauzin + suffixe *-ariu*) > *tauzineir* > *tauzièir* > *tauzèir*) ; **Montcaup** (HG, PA) et **Moncaut** (LG), "le mont chauve, pelé, défriché", l'équivalent du mot calvaire (< *calvus*, "chauve") ; **Moncla** (PA) et **Monclar** (G), "le mont clair", sans végétation ; **Monpézat** (PA) et **Montpezat** (G), "le mont palissadé, fortifié" (*pedat/pesat* < latin *pedatus*, "échalassé") ; **Montfort** (L, PA) et **Monségur** (G, L, PA), "le mont fort" et "le mont sûr". Le déterminant peut également être un nom de personne : **Montaner** (PA),

Montguilhem, Mongiscard (HG, commune de Salles-Mongiscard, PA) et peut-être **Momas**, PA (“Mont de Mans”).

Quant aux différents **Montesquieu** (HG, LG, TG) ou **Montesquiou** (G) ils désigneraient plutôt la valeur militaire (ancien occitan *esquiu*, “sauvage, farouche”).

83. Le mot *sèrra* désigne en occitan une colline. Il a donné de nombreux noms de lieux tels que **Lasserre** (A, HG, LG, PA), ou les composés **Serres-Castet** (PA), **Serres-Gaston** (L), **Serres-Morlaas** (PA), **Serreslous-et-Arribans** (L), **Serres-Sainte-Marie** (PA), **Sarrecave** (HG), “la colline creuse” (occitan *cava*, “creuse”), **Sarremezan** (HG), “la colline du milieu” (occitan *mejan* < *medianus*, “médian, du milieu”), etc... Parmi les dérivés on peut trouver les diminutifs **Sarrot, Serrot, Sarrat, Sarrada** à la base de maints microtoponymes.

84. Le latin *podium*, au sens de “petite éminence”, a, en quelque sorte, une abondante descendance :

Sans déterminant on trouve les formes telles que **Pey** (L) ou *puèi* en Béarn (**Poey-de-Lescar, Poey-d’Oloron**, PA ; et **Espoey**, PA : article archaïque *es* + *puei*), **Pouy** (HP), **Le Puch** (Gir.), **Le Pout** (Gir.) comparables aux **Puy, Puech** et **Puig** des autres régions méridionales. La forme **Piau** se rencontre dans la zone pyrénéenne (station de ski de **Piau-Engaly**, Vallée d’Aure), ou dans la Grande Lande. En fait il s’agit là d’une contraction de **Pujau** (*poi* + suffixe *-ale* > *-au* à valeur augmentative) qu’on peut trouver graphié **Pujo** (HG ; **Pujo-le-Plan**, L). En Gironde **Lapouyade** (*la pojada*) exprime une nuance semblable. Avec un suffixe diminutif, il y a **Pujols** (Gir.), **Pujols-sur-Ciron** (Gir.), **Puyol-Cazalet** (L) ou **Puyoo** (PA). Le terme *pujolet* se rencontre également en microtoponymie.

Avec déterminant les dérivés de podium sont légion. **Pouyastruc** (Gir.), **Puisseguin** (Gir.), **Pujaudran** (G), **Puybarban** (Gir.) ou **Puynormand** (Gir.) sont formés avec des noms de personnes. On reconnaît des qualificatifs dans **Poueyferré** (HP), **Pouylebon** (G), **Puységur** (G) et **Puysségur** (HG), “la hauteur sûre”. Peut-être la végétation est-elle exprimée dans **Pouydesseaux** (L), formé avec la racine de *salix, salicem*, le “saule” (*lo sauç* en gascon). L’absence ou non de couverture végétale se manifeste dans **Publanc** (*puch blanc*) et **Puchnegue** qui — comme **Piouh Reioun** (*piau redon*, "hauteur arrondie") — apparaissent dans la microtoponymie du canton de Pissos (L). En Chalosse **Brassempouy** (L) — connu pour la fameuse statuette préhistorique qui y fut trouvée — paraît un composé du nom **Brassens** (nom d'une baronnie en Grande Lande, dérivé du nom pré-latin *Braccus*) et de *poi*, "hauteur".

85. A côté de ces termes largement répandus, d'autres appellatifs, sans doute un peu moins fréquents, se rencontrent à travers les pays gascons.

86. Equivalents de Beauvoir ou Bellevue, **Belbèse** (TG), **Belbèze-en-Comminges** (HG), **Betbèze** (HP), **Betbezer** (L) — c'est-à-dire *beth véser*, dans le parler de l'Armagnac — désignent un lieu d'où l'on a une très belle vue.

87. Tant dans la Forêt de **Bouconne**, limitant les collines de la Gascogne "gersoise" à l'ouest de Toulouse, que dans le hameau de **Boucoue** (commune de Poursiugues-Boucoue, PA), se reconnaît sous sa forme gasconne le latin des textes médiévaux, *boconem*, "colline, versant".

88. Très fréquent comme toponyme ou patronyme le gascon *candau* désigne une pente, le versant d'un côteau (exemple : **Casteide-Candau**, PA).

89. Masculin de l'occitan *còsta*, "la côte, le côteau", le terme *còst* se repère en microtoponymie (**Cos-d'Estournel**, cru fameux du Médoc).

90. Du verbe *gaitar* ou *gueitar* vient le substantif *guèit*, "guet". Les poste de guet sont en général des endroits naturels ou aménagés élevés pour que l'on y découvre bien les environs. D'où des lieux-dits **Lagoueyte** ou **Gueytot** ("petit poste de guet", commune de Moustey, L).

91. Un éperon (du germanique **sporo*) est d'abord une pointe de métal adaptée au talon, puis par métaphore un "promontoire". C'est dans ce deuxième sens qu'il faut comprendre **Lesperon** (L) dont le nom primitif était **Araast**.

92. En Grande Lande on trouve un **Menjoy** (commune de Saugnac-et-Muret, L) semblant, comme les lieux-dits **Mounjoye**, avoir pour origine "un tas de pierres" sur le bord d'un chemin de pélerin, une mont-joie.

93. Fréquent dans la zone pyrénéenne le terme *malh* cor-

respond à des rochers sur un flanc de montagne, d'où les nombreux sommets désignés "**Le Mail**".

94. Dans les vallées bigourdanes ou gersoises les terres exposées au nord, donc non ensoleillées, sont parfois appelées *paguèra*, alors que le versant opposé est appelé *solan* ou *solana*, qu'on retrouve dans **Soulan** (A) ou **Saint-Lary-Soulan** (HP) (8).

95. Comparable au castillan *peña*, le terme *pena* désigne plus particulièrement un rocher allongé (**Pène de la Hèche**, au-dessus d'Arthez-d'Asson, PA ; **Pène Arrouye, Pène Blanque** et **Pène Lounque**, non loin de la station de La Mongie, etc...).

96. L'occitan *ròca* désigne non seulement une roche, un rocher, mais aussi une hauteur rocheuse, fortifiée ou non. C'est dans ce sens généralement qu'il faut comprendre les très nombreux toponymes de ce type : **Roques** (HG, G), **Larroque** (HG, HP), **Roquelaure** (G), "le rocher couvert de laurier" (à moins que ce ne soit un nom de personne), **Roquépine** (G), **Roquefort** (G, L), etc...

97. Le terme *cima* "sommet, cime", se retrouve dans le nom du village béarnais **Simacourbe**, "cime sinueuse, incurvée".

98. Le gascon possède aussi le mot *som*, "sommet, cime, faîte". Il apparaît fréquemment dans la toponymie, montagnarde ou pas. Le col du **Somport** devrait tout simplement s'appeler le **Somport**, puisque le *port*, en gascon, signifie le "col", le "passage" ; c'est littéralement le "col [près du] sommet".

99. En Gironde surtout (Pays de Buch) et dans le nord des Landes existe l'oronyme *testa*, "hauteur", qu'on retrouve dans les composés **Testemale** (commune de Captieux, Gir.), **Testarrouch** (commune de Mios, Gir.), **Testaudenge** (commune de Biganos, Gir.), **Testarroman** (commune de Pissos, L) et dans **La Teste** (Gir.).

100. "Monticule ou petite hauteur à la cime arrondie", une *tecoèra* ou *tocoèra* donne les noms de lieux tels que **Latecoère** ou **Las Tecouères** voire **Téchoueyres** (exemple : **Lagune de la Grande Teychoueyre** à Saint-Symphorien, Gir.).

101. De même sens existe aussi, en Béarn et Bigorre, le terme

turon qui donne quelques microtoponymes (exemple : **Turon de Béne** non loin d'Argelès-Gazost, HP).

102. Dans le Médoc et sur la rive nord du Bassin d'Arcachon le nom **Piquey**, dérivé de *pic/pica*, désigne des hauteurs dans le massif dunaire.

Les plaines

Les espaces plats relativement larges, bien identifiables par la topographie, sont assez peu représentés dans la toponymie qui fait plutôt la part belle aux formes en creux et aux vallées.

103. Dérivé du latin *plana* le terme général, dans sa variante gasconne, est surtout *lo plan*, bien qu'on rencontre aussi les termes *la plana* ou *la planha* et *lo planèr/la planèra* dans la microtoponymie. Quelques exemples ? On a **Plagne** (HG), **Plagnole** (HG), **Le Pla-d'Adet** au cœur du domaine skiable de Saint-Lary-Soulan (HP).

Dans la Grande Lande une surface plane, généralement herbeuse, composante du fameux airial landais, est souvent dénommée *lo plèir*, ce qui correspond à l'évolution suivante : *plana* + suffixe *-arium* > *planèir* > *pla(n)èir* >*plèir*. Dans ce vaste domaine les immenses interfluves, jadis marécageux et couverts de lande sont parfois appelés **Plata**(s) ou **Platiet** (marais du **Platiet** sur lesquels a été "aménagée" une grande partie de la commune de **Solferino**, L, sous le Second Empire).

104. On peut signaler d'autres toponymes intéressants, issus de vieux mots gascons : **Baleix** (PA), correspondant à un terme du gascon médiéval signifiant "plateau" ; **Lis** (PA), "terrain uni, plat", à rapprocher du terme *lisa*, de sens identique, utilisé en montagne (Lavedan). Quant à **Urdos** et **Urdès** (PA), l'étude récente de Michel Grosclaude les rattache à un radical aquitain **urd* (= plateau, replat).

Les vallées et les formes en creux

Vallées ou formes en creux, plus ou moins marquées dans le relief, dues au travail des eaux ou à l'action du vent, ces détails de la topographie pouvant offrir un passage facile au voyageur, une position favorable à l'agriculteur ou au contraire redoutés pour leur insalubrité, correspondent à une toponymie assez variée.

105. Un *arrèc* (ou une *arrèga*) est certes un "sillon", mais aussi un "vallon assez étroit", un "ravin". Certains torrents de la montagne béarnaise sont appelés *arrics*, voisin du terme *arrigau*, désignant également ce type de cours d'eau. C'est de cette famille qu'est issu le toponyme **Arricau** (commune d'Arricau-Bordes, PA), formé de *arric* (ravin, thalweg) et *cau* (creux).

106. Au cœur de la vallée d'Ossau, proche de **Laruns**, le village d'**Assouste** (PA), occupe, comme tout établissement humain en montagne, une position d'abri (de l'occitan *assosta*, "lieu abrité" < latin *ad* + *substare*).

107. B = V. L'équation est simple : en occitan, et particulièrement en gascon, le v initial se prononce [b]. D'où une petite liste de (micro)toponymes inscrits à la page B du dictionnaire et pourtant issus de *vallem*, "la vallée", qui a donné *val*, en languedocien, et *vath* en gascon. On a ainsi **Baigts** (L) et **Baigts-de-Béarn** (PA) provenant de *vaths*, "creux, enfoncement, et par extension retranchement", l'étymon pouvant être *vallis* ou *vallum* ; **Bats** (L) ; **Batsère** (HP) en composé avec l'oronyme *serra* (= "la vallée au pied de la montagne allongée"). Dans la Grande Lande l'ancien site de la paroisse de **Mano** (L), avant son déplacement au siècle dernier, s'appelait **Balauze** ou **Baloze**, "la vallée boueuse" (*vath* < latin *valle(m)* + adjectif *losa* < latin *lutosa*). Tout à côté, sur les bords de la Petite Leyre la commune de **Belhade** (L) provient probablement de *vallis lata*, "la vallée large" (Baslade, 1514, Archives privées), étant entendu que la paroisse s'est développée autour du site défensif occupé aujourd'hui par le château entouré de douves (d'où la possibilité d'une continuation de *vallare*, "entourer de palissades, de retranchements".

108. De même qu'en Aragon, l'on trouve dans les Pyrénées centrales le terme **Barranco** pour désigner un ravin (**Barrancoueu**, HP). Dans la commune de Pissos (L) existe un **Ruisseau de les Barrancles** (**La Baranque**, sur le cadastre du XIXe

siècle), altération du mot *barranco*. L'origine est identique pour la commune de **Barinque** (PA).

109. Dans la Grande Lande comme dans la région du Lavedan le substantif *bas* désigne un "bassin", ou "un petit plateau dans un contrefort de montagne", en somme un bas-fond. Ce terme apparaît à six reprises dans la microtoponymie du canton de Pissos.

110. Actuellement à l'aboutissement de la vallée de l'Adour, la commune "du" **Boucau** (PA) ne pose aucun problème de sens. En gascon, un *bocau* est une "embouchure de cours d'eau". S'agissant du fleuve gascon, l'on connaît son histoire : il se jetait encore à **Capbreton** en 1367, puis les tempêtes et les sables l'obligèrent à remonter jusqu'à **Port-d'Albret** (commune du **Vieux-Boucau**, L, actuellement), avant que les Bayonnais et l'ingénieur Louis de Foix, en 1578, ne captent définitivement les eaux et le trafic de l'Adour.

111. Pour suivre encore les cours d'eau, on peut remarquer l'utilisation dans la toponymie du mot *cap*, "tête, bout, extrémité...". Ainsi aux deux extrémités du Drot qui naît en Périgord mais finit en Gironde, se trouvent **Capdrot** (Dordogne), à la source, et **Caudrot** (Gir.), à la confluence avec la Garonne. De la même manière s'explique le nom de **Capbis** (commune de **Bruges-Capbis-Mifaget**, PA), qui se trouve à la source du Béès (ou Bés > Bis).

112. Les formes creuses sont souvent désignées par le terme *comba* > gascon *coma*, "combe". Assez répandu dans la microtoponymie sous les formes **Coumes, Las Coumes, Coumet, Coumou, Lacomère**, etc... ce nom et ses dérivés apparaissent aussi bien en "plaine" que dans les Pyrénées (exemple : gouffre de la **Coume-Ouarnède**, commune de Herran, HG, que rendit célèbre le spéléologue Norbert Casteret). L'occitan *cauna*, "grotte, creux", a pu donner **Cauna** (L) et **Cauneilles** (L), **La Caugne** (HG).

113. A partir du pré-latin **klotton*, "creux", l'occitan *clòt*, "dépression, trou, fosse, cavité" fournit beaucoup de lieux-dits : **Clot, Clotte** avec leurs variantes dues aux particularités de la phonétique gasconne : **Cròt, Crotte** (quartiers de **Lacrotte** à Belhade, et Pissos, L), **Cluch, Cluchet**, et sur le littoral atlantique le microtoponyme **Crohot** (exemple : plage

du **Grand Crohot**, commune de Lège-Cap-Ferret, Gir.) qui désigne une dépression entre les dunes. Dans le très long cordon dunaire aquitain on relève aussi le microtoponyme **Lette** ou **Lède** (< latin *lata*, "large") correspondant à un passage entre deux hauteurs (exemples : **Lèdes de la Négade, du Gurp, de la Canillouse** entre Soulac-sur-Mer et Vendays-Montalivet en Gironde). Dans le même milieu existent aussi des dérivés de *nau* ou *nauda*, "dépression" (en l'occurence marécageuse) ; exemple : le lieu-dit **Naouas** (avec suffixe *-às* péjoratif) en forêt domaniale de Biscarrosse (L).

114. Pour rester dans le même secteur de Biscarrosse, on peut remarquer un lieu-dit **Ispe**, conche bordant le sud de l'étan de Cazaux-Sanguinet, au pied même du massif dunaire (la **Montagne** de Biscarrosse). Faut-il voir dans ce microtoponyme une origine aquitaine/basque comme dans **Ispoure** (PA), "l'eau au pied du rocher" ?

115. Une grotte, une caverne peut-être aussi désignée par le terme *espeluga/espelunga*. Il apparaît dans la microtoponymie. (9)

Dans les Pyrénées-Atlantiques, **Lurbe** (commune de **Lurbe-Saint-Christau**) peut apparaître comme d'origine basque (*lur* = terre + *pe/be* = en dessous) et donc avoir le sens de caverne, ou du moins de terre basse.

116. Le mot *part* < latin *partem* signifie bien sûr en gascon "part, partie" mais aussi "côté". C'est dans ce sens qu'il faut comprendre la composition du toponyme **Parbayse** (PA), "du côté de la rivière Baïse".

117. Immédiatement au nord de la ville de Pau s'étend la lande "du" **Pont-Long**. Ce curieux toponyme est en fait de la famille du gascon *espona/esponda*, "bord", mais aussi "versant", voire "précipice". On trouve la vallée de **Lesponne** (HP), une des sources de l'Adour, et **Èras Esponas** près d'Arrens (HP). M. Grosclaude propose pour le site palois l'évolution suivante : *spondam longam* (latin) > *espona longa*, puis *es pona longa* > *lo pont long* (*es*, anormalement séparé du reste du mot, ayant été confondu avec l'ancien article *es* = *lo*).

118. On l'a vu précédemment, le *pòrt* signifie en gascon "le col". D'où les diminutifs rencontrés à travers la chaîne,

Portalet, Portet (10), **Portillon.** Comme équivalents on trouve également **Pas** et, dérivés de *collum*, "col", les appellatifs **Cot, Cotch, Couret.**

119. En gascon *la riba* ou *l'arriba* veut essentiellement dire la rive, la berge d'une rivière, d'où la pente d'une vallée. On a par exemple **Rive Haute** (PA).

120. Les passages étroits de vallées sont parfois remarquables. Issu du latin *serrare* (fermer) avec le suffixe *-antia* > *-ança* (résultat d'une action) on a par exemple **Sarrance** (PA). Mais le terme *gorga*, "gorge", a peut-être fourni beaucoup plus de (micro)toponymes : **Gourgue** (HP), **Gourgues, Lasgourgues, Lesgourgues** dans la Grande Lande.

La nature du sol

121. Dans la partie occidentale du Bassin aquitain les endroits marécageux (ou qui le furent avant assèchement) sont relativement nombreux — L'occitan *fanga*, "boue, fange" donne en gascon *hanga* ou *hanha* et l'adjectif *hangós, hancós*, "boueux, bourbeux". On voit ainsi le sens de **Angous** (PA), **Angos** (HP, et commune de **Navailles-Angos**, PA) et de la Fontaine de **Langue** à Pissos (L) juste au dessus des bas fonds de la vallée de la Grande Leyre (chute du [h] initial : *hanga* > *anga*, et agglutination de l'article : *l'(h)anga* > **Langue**). Existe aussi dans la commune de Moustey-Biganon (L) un microtoponyme **Hanga** (*hanga* + suffixe *-ar*, exprimant le lieu, l'établissement ou la plantation).

122. En Grande Lande, particulièrement, les appellatifs de marécages sont assez nombreux. On peut citer **Brau**, parfois déformé en **Bran** sur les cartes (du celtique **braccu*, "bourbier" ; ce qui a donné **Las Terres Bragues**, "terres herbeuses"), **Crot** et **Clot** (voir supra § 113), **Boulanguit** (commune de Pissos, L = *lo bosc languit*, "le bois marécageux"), **Hicot, Lamon** (du latin *lama* "fondrière, bourbier"), **Laussat** (peut-être issu de la racine hydronymique *ossa*), **Moudenc** (du latin *mollis*, "souple, mou") ; **Naouge, Naude** et **Naucet** sont issus du celtique **nauda*, "marécage", qui a aussi donné le français noue (terre grasse herbagère).

123. Le gascon *vaura*, "boue", est directement exprimé

dans le hameau de **Baure** (commune de Salles-Mongiscard, PA), de même que *garlin*, "sol humide et marécageux" dans le village béarnais du même nom (**Garlin**, PA). Le gascon *ishós* a pour ainsi dire la même signification et se retrouve dans **Ychoux** (L). **Labarde** (Gir.) vient de l'occitan *bard*, "boue, limon".

124. La nature argileuse du sol se retrouve dans **Argélos** (PA) **Argelos** et **Argelouse** dans les Landes, **Argelès** et **Argelès-Gazost** dans les Hautes-Pyrénées, et les lieux-dits tels que **L'Argilayre** (commune de Saugnac-et-Muret, L) ou la Fontaine Notre-Dame des **Argilières** à Mézos (L).

125. Moins bonne que le terrefort, sol lourd, brun et fertile sur les pentes des collines molassiques du Gers ou de la Lomagne, la "boulbène" (*bolbena*) est un sol plus léger, clair, siliceux, de nature argilo-sablonneuse. En Gascogne elle prend le nom de *bobea* (**Boubée**) qui apparaît dans la microtoponymie.

126. Les **Graves** de Bordeaux et de ses environs correspondent à un vignoble réputé, précisément sur des terrasses graveleuses bordant la Garonne. En gascon *la grava* est à la fois la grève, mais aussi le gravier dans l'eau de la rivière, voire la boue mêlée de gravier. Cette idée se retrouve dans **La Pointe de Grave** à l'extrême-nord de la Gironde, et donc du domaine gascon. De sens un peu plus large, mais de même origine les termes *gravèr, gravièr, grau* peuvent correspondre à des endroits marécageux.

127. Les bas-fonds humides près des cours d'eau, surtout dans la vallée de l'Adour sont appelés *bartas* (les **Barthes de l'Adour** entre Dax et Bayonne). A vrai dire vers l'est de la Gascogne et en Languedoc une *barta* peut désigner tout simplement un petit bois. Toujours est-il que les toponymes issus de ce terme sont nombreux : **Barthe** (HP), **Labarthe** (G, TG), **La Barthe-de-Neste** (HP), **Labarthe-Inard** (HG), **L.-Rivière** et **L.-sur-Lèze** (HG), **Labarthète** (G), **Le Bartas** (commune de **Saint-George**, G).

128. Le gascon possède aussi le mot *augar*, "terrain marécageux" qui donne **Auga** (PA), et les lieux-dits (pouvant être aussi des patronymes) **Dauga, Lauga, Laugaret**.

129. Les endroits caillouteux peuvent donner des lieux-dits

Cailhau (gascon *calhau*, "cailloux"), **Calhabère, Caillavet** (G), **Beychac-et-Caillau** (Gir.), **Porte du Cailhau** à Bordeaux, etc...

130. Le mot *glarèr* ou *glerèr* signifie "gravier" et fournit des noms de lieux tels que **Glaré, La Gleyre** (commune de Belhade, L), **Gleyroux**...

131. Le sable se retrouve dans les endroits nommés **Sablar, Sablona, Sauboua** (lieu-dit de la commune de Pissos, L).

132. Avec **Malaussanne** (PA), **Malossane** (lieu-dit au sud de Condom, G), **Malause** (TG) on a des toponymes représentant des "mauvais terrains pierreux" formés de l'adjectif *mala*, "mauvaise" et *lausa*, "pierre", plus suffixe *-anam* (qualitatif). Le terme *lausa* peut avoir le sens de "schiste, ardoise", équivalent de "*labassa*" qui a donné quelques noms de lieux tels que **Labassère** (HP).

133. Du celtique **margila* vient le terme *marla*, "marne, terre argilo-calcaire", parfois déformé en **Merle** (lagune du **Merle** à Saucats, Gir.).

Les eaux

134. *Aiga*, "eau", se trouve dans les composés **Ayguemorte-les-Graves** (Gir.), **Ayguetinte** (G), **Tramezaigues** (HP) à la confluence de la Neste d'Aure avec la Neste du Rioumajou (latin *inter ambas aquas* = entre les deux eaux > *(in)tra am(b)as aquas* > *tramasaigas* > **Tramezaigues**).

Créée en 1861 par démembrement de la commune de **Saint-Loubouer, Eugénie-les-Bains** est appelée en gascon **Las Aigas**. De la même façon **Les Eaux-Bonnes** et **Les Eaux-Chaudes** (PA) dans la vallée d'Ossau étaient appelées "Ayguos-Bounos" et "Aygues-Cautes" avant que le XIXe siècle ne les érige en communes officielles.

Pour rester dans le "thermal" la station de **Barbotan** (commune de Cazaubon, G) correspond au nom gascon *barbotan*, "lieu boueux, où bouillonnent les eaux", évidemment issu de la racine celtique **borvo* qui a donné **Bourbon, La Bourboule**, etc...

135. *Lo riu / l'arriu*, "le ruisseau" est un lieu-dit fréquent. On le trouve aussi dans les composés **Rioumajou** (HP), torrent alimentant la Neste d'Aure, **Riumayou** (commune de

Fichous-Riumayou, PA), c'est-à-dire *Arriu Major*, "le grand ruisseau" ; **Riupeyrous** (PA), *l'arriu peirós*, "le ruisseau pierreux" ; **Riocaud** (Gir.), "le ruisseau chaud".

De même origine on trouve, dans la Grande Lande, l'**Arrivat** (commune de Mano, L), l'**Arrival** (Pissos, L), ou l'**Arriouet** (Belhade, L). A Sore (L) cxiste un microtoponyme **Harribey** ; c'est également un patronyme, signifiant "riverain d'un cours d'eau" (*arrivèir*).

Il existe bien d'autres noms pour désigner les cours d'eau :

136. *L'arrolha* (< latin *arrugia*, "ruisseau, canal") qu'on trouve souvent mentionné **L'Arrouy** ou **La Rouille** ou en composés (exemple : une source à Pissos, L, appelée **Cap de l'Escarrouil**, "tête" d'un ruisseau nommé **Escarrouil**, formé de *escorrer*, "écouler" et *arrolha*, "ruisseau").

137. Une *escorra* est un ruisseau, un fossé, une rigole ou un canal. C'est ce terme qui est à la base des toponymes **Escource** (L) et **Escoursolles**, quartier de Pissos (L).

138. Un *gua* est un terme plutôt médocain signifiant un "gué", du latin *vadu(m)*. On le retrouve dans le toponyme **Goualade** (Gir.), le "passage du ruisseau large", dans la **Gouaneyre**, ruisseau des Landes girondines affluent du Ciron. Né des lagunes de la région d'Hostens (Gir.), le **Gat-Mort** rejoint la Garonne à Beautiran (Gir.) : rien à voir avec un quelconque "chat-mort" ; il s'agit simplement d'une déformation de "*gua mort*".

139. En Médoc, deux noms intéressants se remarquent : les **Jalles** qui, nées sur le plateau landais, vont rejoindre la Garonne (**Jalle de Banquefort**) ou la Gironde (**Jalle de Tiquetorte**) après avoir traversé les marais (souvent appelés **Paluds**) bordant l'estuaire ; les **Berles** (du latin *berula*, "lentille d'eau") qui se jettent dans le fleuve, dans le Bassin d'Arcachon (**Grande Berle d'Arpech** entre Andernos et Arès, Gir.) ou dans l'étang d'Hourtin-Carcans (**Berle** de **Caillova**).

140. Les Landes de Gascogne ont été largement aménagées au XIXe siècle en vue de la plantation du pin maritime. En fait leurs habitants savaient déjà creuser des fossés pour assainir certaines terres. D'où l'existence fréquente de cours d'eaux, en partie artificiels (notamment l'amont drainant les interfluves trop plats), nommés **Barats** ou **Barrades**. La phonéti-

que gasconne (l > r) a fait du languedocien *valat*, "drain", le gascon *varat* graphié **Barat**. Il existe aussi des lieux-dits **Baradat** ailleurs en Gascogne. Pour le terme *barrada* on peut supposer un dérivé de *barrar*, "fermer, enclore" ; un *barrat* ou une *barrada* représentent une levée de terre servant de clôture à un terrain, et par extension le fossé attenant. On peut en rapprocher le nom *barri*, "espace clos, enceinte, faubourg" (**Barrade dou Barry** à Liposthey, L). De sens équivalent existe aussi, au nord de la Gascogne, le mot *doga* (**Dougue**).

Dans cette même zone forestière existe aussi le terme **Craste**. Une *crasta* est un fossé de drainage, rectiligne, dont l'origine remonte au latin *castellum*, "camp retranché" > *casteru(m)* > *crasta*.

La canau, "chenal, canal" est évidemment très répandue et se retrouve dans les toponymes **Lacanau** (Gir.) ou **Lacanau-de-Mios** (Gir.)

141. Plusieurs noms en gascon désignent les sources et les fontaines. Il y a bien sûr *font/hont* à la base de nombreux lieux-dits **Lafont/Lahon/Lahoun** et dans les composés tels que **Fonsorbes** (HG), littéralement "les fontaines aveugles" (occitan *òrb*, "aveugle"). **Fontet** (Gir.) est un diminutif comme **Fontenilles** (HG), **Hontanx** (L) un pluriel, cependant que **Lahontan** (PA) paraît être formé de *Laur* (quatre en basque) et *fontana*. Mais bien d'autres microtoponymes du type **Lafontan, Fonta, Lahontan** sont tout simplement "la fontaine".

On trouve également les mots :

— *boridèr*, "lieu, gouffre où l'eau bouillonne", qu'on reconnaît dans **Le Bouridé**, nom d'une source de Capvern (HP) ou dans **Bourideys** (Gir.) ;

— *chorra* ou *chorrèra*, "source jaillissante, cascade",

— *dots* ou *dods* en Armagnac ;

— *pichoret*, "petit filet d'eau" (fontaine de **Pitchoret** sur l'ancien cadastre de Moustey, L) ;

— *sorder*, "sourdre, jaillir", qui a donné à Mano (L) et Moustey (L), deux fontaines nommées **La Sourdouille**. A Sore (L) existe aussi une fontaine **Lingeard**, de l'occitan *linge*, "fluet, mince" (< latin *lineus*) ; elle guérit néanmoins les verrues...

142. Du latin *lacuna* vient le mot lagune qui dans la Grande

Lande correspond au terme *lagüa* (lieux-dits **Lalagüe, Lagüe**...). Ces eaux stagnantes y sont en effet relativement nombreuses sur les interfluves à moins que les grandes cultures céréalières ne les aient fait disparaître.

Quelques suffixes courants dans la toponymie de la végétation

Transition entre les rivages océaniques de l'Atlantique et le "Midi" toulousain déjà plus sec, la zone gasconne a dans sa toponymie une assez grande variété d'essences représentées.

143. Lorsqu'un arbre ou un végétal particulier se repère dans le paysage, il peut donner son nom à un lieu. Généralement il est au singulier. Quand il y a abondance d'un type de végétaux, le pluriel apparaît ou bien c'est un suffixe à sens collectif ou autre. Voici les plus fréquents :

Forme actuelle	Orthographe occitane	Suffixe étymologique	Origine	Exemple	Fonction
-ade	-ada	-ata	Latin	La Taillade	Collectif
-a, -aa	-ar	-are	Latin	Le Houga, Touyaa (Béarn)	Collectif
-è, -ère	-er, -èra	-ariu, -aria	Latin	Nouguère	Collectif
-et, -ède	-et, -èda	-etum, -etam	Latin	Richet, Bernède	Collectif
-iou, -ie	-iu, -ia	-ile, -ila	Latin	Saussie	Dérivé de susbstantif
-oy	-òi	-oticu	Latin	Berdoy	Diminutif
-ous, -ouse	-os, -osa	variante de -ora ?	Pré-roman	Branouse	Péjoratif
-te, -ete, -ette	-eta, -ta	-eta	Basque	Barraute	Collectif
-us, -usse	-us, -uça	-uceum, -ucea	Latin	Lanusse	Péjoratif

Une combinaison de suffixes peut aussi être possible. Par exemple **Pignada**, *pinhadar*, est formé avec *pin(h) + -ata + -are.*

Les arbres

144. Du latin *abellana* "noisette", vient le gascon *aulana*

ou *aberan*. Le noisetier ou coudrier est l'*averaèr* ou *averanièr* ou même *aulanèir*. C'est l'origine de toponymes tels que **Abère** (PA), **Averan, Laulan, Laulanère** ou **Loulanère**.

145. La sapinière se dit en gascon *avedat, avedau* ou *avedelha*. Il faut voir là-dedans le sens des toponymes **Bédeille** (PA), **Labedèlhe** ou du **Lavedan**, vallée qui s'ouvre à Lourdes et commande cinq autres vallées : Azun, Barège, Estain, Luz et Cauterets.

146. *L'aubar* (< *albus*, "blanc) désigne non seulement l'aubier, mais tous les arbres à bois "blanc" du type saule ou peuplier. On trouve ainsi des lieux-dits **Les Aubarèdes**, saussaies sur les bords de la Dordogne, de la Garonne ou de l'estuaire de la Gironde, **Laubarède, Laubadère...**

En fait le saule est en occitan *lo sauç* (< latin *salix, salicem*). D'où les endroits appelés **Sauze, Saucède** (PA), **Séouze** (commune de Parentis-en-Born, L), **Saucette** (lieu-dit de Luglon, L), **Saous** (lieux-dits à Pissos et à Saugnac-et-Muret, L), **Saoussie** (lagune à Saugnac-et-Muret, L).

Certains saules fournissent l'osier (en gascon *lo vime* ou *lo vimi* < latin *vimen, viminis*). D'où des lieux-dits *vimar* (**Bima**), *vimèr* (**Bimè**), *vimèra* (**Bimère**) ou *vimenèra* (**Bimaneyre**) correspondant à des oseraies. En Béarn la **Saliga** ou **Saligat**, sur les rives du Gave, correspond à des bosquets propices aux saules.

147. Le bouleau est appelé en gascon *bedora* ou *betora* < latin *betulla*. Il existe aussi la forme *bedoth*. Dérivés de ce nom viennent les microtoponymes **Bédourède** ou **Béderède, Bédoura** — lieux plantés de bouleaux — et **Bédouret** "le petit bouleau". **Bedous** (PA) a le même sens (*betulla* + suffixe aquitain *-ossum* : "lieu où il y a des bouleaux").

148. Du celtique **verno* vient l'occitan *vèrn* ou *vernhe*, "aulne". Cela donne les toponymes **Bern** (quartier de Pissos, L), **Bernède** (G), **Bernadets** (HP et PA), **Vert** (L), **Albret** et **Labrit** (L). En effet, située à six kilomètres de la paroisse de Vert, **Labrit** a pour forme ancienne **Le Bret** (*Bern* > *berd* > *bert* > *bret* par métathèse). On comprend que Labrit soit le berceau de la célèbre famille des Albret.

Avec des suffixes et des diminutifs divers on trouve, notamment dans la Grande Lande, toute une toponymie du *vernhe*.

Ainsi en Gironde : lieux-dits **Bernadet** à Balizac ; **Verduc** à Budos ; **Capule de Bernet** et **Bernin** à Cabanac-et-Vilagrains ; **Le Bernet** et **Brot** à Guillos ; **Bertet** à Hostens ; **Bernon** et **Le Bret** à Louchats ; **Peyrebernède** à Noaillan ; **Bernier** et **Lande de Cap de Bern** à Origne ; **Le Verdot** à Saint-Magne ; **La Beurnachoune** au Tuzan. Dans les Landes existent les lieux-dits **Bernadols** à Bélis, **Berdot** à Canenx ; **Pédeberdot** à Cère, **La Bernède** à Labrit, **Bernatche** et **Bertet** à Vert.

149. Le chêne est appelé en gascon *casse*, ou *cassi* dans la Grande Lande, ou encore *cassó* en Béarn. Du celtique **cassano*, via le latin *cassaneus*, c'est le chêne pédonculé. Le terme *garric* existe aussi, mais est moins employé dans la langue parlée ; cependant on le retrouve dans la toponymie. Enfin, très répandu en Gascogne, existe aussi le chêne tauzin (*Quercus tozza,* < pré-roman **taukino*, "chêne blanc"). L'yeuse, ou chêne-vert (*Quercus ilex*), en occitan *euse* ou *elze*, est beaucoup plus rare dans la zone, car cette essence correspond mieux au milieu méditerranéen.

Sur le premier terme sont formés les (micro)toponymes **Cachen** et **Cassen** (L), **Cassagne** (HG), **Lacassagne** (HP), **Cassaigne** (G), **Cassaber** (PA) formé, selon M. Grosclaude de *casse* et de la postposition basque *be*, "sous" ("sous la forêt de chênes"), **Cassy** (commune de Lanton, Gir.), **Lacasse**, HG (commune de **Lavernose** dont le nom est dérivé lui aussi du *vernhe*), **Cassoun, Cassiède, Cassiet, Cassiot, Cassourra** (*cassorrar*, "lieu planté de chênes âgés et gros, des *cassorras*"), **Cassoula, Cassoulat** ou **Cassoulet** ("chênaie composée de jeunes chênes"), **Cassia** ou **Cassière, Cassie, Lacassie** ou **Lascassies**.

Sur *garric* sont formés les lieux-dits **Garrigue, Lagarrigue, Lasgarrigues, Garriga** (*garrigar*, "lieu planté de chênes"), **Garrigade, Garriguéte, Garriots**. Dans les Pyrénées-Atlantiques **Lucgarier** est dérivé du latin *lucus*, "forêt", et du gascon *garrièr*, "taillis de chênes".

A partir du tauzin ont été formés les lieux-dits **Tauzin, Tauzy** ou **Tozy, Tauzia** (*lo tauziar*, "lieu planté de tauzins"), **Tauzïède** (*la tauzièda*, même sens), **Tauziet** (le quartier de Sabres, L, où se trouve le mégalithe de Griman s'appelle ainsi), **Taudinet**. A Belhade (L) un quartier se nomme **Montauzey** (cf. § 82).

150. Le châtaignier, *castanh* ou *castanhèr* en occitan (< latin *castaneum*) est à l'origine des toponymes **Castagnède** (HG, PA), **Castandet** (L), **Casteide-Cami** (PA), **Casteide-Candau** (PA), **Casteide-Doat** (PA), **Castagnos-Souslens** (L) ou du microtoponyme **Castaigney** (ancien cadastre de Pissos, L, où existe aussi un lieu-dit **Au Tarouet**, diminutif de *taron*, "rejet, jeune pousse" qui peut avoir parfois le sens de "châtaigner").

151. Le frêne (latin *fraxinum* > languedocien *fraisse* et gascon *hreshe* ou *hresho*) a donné **Le Frêche** (L), **Fréchou** (LG), **Fréchou-Fréchet** (HP), **Le Fréchet** (HG), **Fréchendets**, HP (*Fraxin(e)tell(um)* > *Fraisendet* > *Freshendet*), ou **Richet** (commune rattachée à Pissos, L).

152. Le figuier (*higuèr* en gascon) a donné **Higuères** (commune de **Higuères-Souye**, PA), **Figarol** (HG), et les lieux-dits **Higa** (*higar*, "lieu planté de figuiers").

153. Le hêtre (latin *fagus*) se dit en gascon *hag/hau/hai* et *fau/fag* en languedocien. C'est l'origine des toponymes **Lahage** (HG), **Le Faget** (commune d'Oloron, PA), **Faget-Abbatial** (G), **Haget** (G), **Hagétaubin** (PA), formé de *haget*, "forêt de hêtres" et du nom du ruisseau l'Aubin, **Hagetmau** (L), **Fajolles** (TG) ou **Mifaget** (commune de Bruges-Capbis-Mifaget, PA), c'est-à-dire "au milieu de la forêt de hêtres". En vallée d'Ossau, **Bagès** (PA) a le même étymon *fagus*, basquisé en *bago* + suffixe collectif basque *-etz*.

154. La nèfle (latin *mespila*) est le fruit du néflier, *mesplèr* en gascon. D'où les lieux appelés MESPLÈDE (PA) ou *mespla, mesplatèra*.

155. Le noyer — *esquilhòtèr* en certains endroits, *noguèr* sous la forme dérivée de l'étymon latin *nux, nucis*, "noix" — donne les lieux nommés **Noé** (HG), **Noguères** (PA), **Nogarède, Nogaro** (G), **Nogaret** (HG), **Nougaroulet** (G).

156. L'orme, du latin *ulmus*, est appelé *olm* en occitan et *olom, om* ou bien *oma* dans ses variantes gasconnes. Un lieu planté d'ormes, une ormaie, se dit en gascon *olmèda, omada* ou *aumèda* ; il existe aussi les substantifs *omerac* et *omerar*. On trouve ainsi les endroits appelés **Omet** (Gir.), **Loulmède, Lombia**, PA, (*olm* + suffixe *-are* > *olmear* > *olmiar* >

l'ombiar), ou **Méracq**, PA (*l'omerac* ayant donné la mécoupure *lo merac* > *merac*).

Les microtoponymes tels que **L'Homme-Mort** ou **Cap-de-l'Homy** (commune de Lit-et-Mixe, L) sont des déformations du mot *olm/om*.

157. Le peuplier — *pibol, pibòla, piba, pibòu, piple, biule* ou *bigó* en occitan — a pour étymon le latin *populus*. Les lieux plantés de ces arbres, appelés *bigolar, biolar, bigolea, pibolar, pibolada* ou *pibolata*, sont à l'origine de nombreux microtoponymes.

158. La toponymie du pin est évidemment présente dans les Landes de Gascogne mais est sans doute antérieure à l'implantation généralisée du pin maritime au XIXe siècle. Antérieurement à cette période le *pinhadar* (nombreux lieux-dits **Pignada** ou **Piada** aux confins de l'Armagnac) existait, surtout sous la forme de forêts-galeries, mêlées de chênes, longeant les cours d'eau comme en témoignent les feuilles de la carte de Belleyme dressée à la fin du XVIIIe siècle. Sur les anciens cadastres de la Grande Lande sont mentionnés des lieux-dits tels qu'**As Pignacx de la Lanne** (Saugnac-et-Muret), **Ous Pins** (Pissos), **Au Pin Guion** (Guion = Guilhon, nom de personne, sur le Terrier de 1640 à Moustey) ; ils servaient souvent de points de repères et ont pu par conséquent demeurer dans les noms de lieux. Dans les Pyrénées-Atlantiques, **Piets** (commune de **Piets-Plasence-Moustrou**) est "le lieu où il ya une forêt de pins".

159. Le sureau se dit en gascon *sahuc* ou *sambuc* (< latin *sambucus*). Il existe des variantes *sauhuc, sahuguèr*. La *sahuquèra* est un lieu couvert de sureaux. C'est peut-être dans cette essence qu'il faut voir l'origine de **Saucats** (Gir.) et de **La Sauque** (commune de La Brède, Gir.).

160. Le sorbier (*sorbèr* en gascon) a donné les toponymes tels que **Sorbets** (G, L).

161. Le tilleul, *tilh* en gascon (< latin *tilia*), a donné **Tilh** (L) et **Tilhouse** (HP).

Bois et bosquets

162. D'innombrables lieux-dits sont formés sur *bòsc*,

"bois" : **Bosc, Bos, Boos** (L), **Bôo, Le Petit Bôo** (commune de Parentis-en-Born, L), et les dérivés **Bosquet, Bousquet, Le Bouscat** (Gir., lieu-dit de **Lesperon**, L), **Le Bouscaut**... Il peut y avoir des cacographies telles que **Cap-Bosc** (l'extrémité du bois) déformé en **Capbœuf**. On trouve également des composés comme **Borredon** (*bòsc redon* = "le bois rond"), **Bos d'Arros** (PA) du nom de la commune voisine **Arros, Parleboscq** (L) sans doute "*pèla-bòsc*", l'endroit où l'on défriche.

163. Du latin *lucus*, "bois (sacré)", vient le gascon *luc*, "bois" qui existe aussi sous la forme féminine *luga*. Il est à l'origine d'assez nombreux toponymes et lieux-dits. Il y a tout simplement **Luc** (PA), **Lucq-de-Béarn** (PA) ou les **Lugues**, appellation de la haute vallée du Ciron (Gir. et LG). Mais existent aussi des composés tels que **Licaougas** (commune d'Ychoux, L), le "bois marécageux" ; **Liposthey**, L (ancien nom : *Luc Poster*), "le bois fournissant des poutres" ; **Lixey** (commune de Maylis, L) qu'on peut rapprocher de **Luxey** (L) et **Luxiguey** (commune d'Allons, LG) et comprendre comme "le bois envahi par les ronces" (gascon *sèga*, "ronce", tiré de *segar*, "couper") ; **Lubans** (commune d'Allons, LG) ; **Lubbon** (L), "le bois bon, dont on peut tirer profit", c'est-à-dire le contraire de **Lucmau** (Gir.), "le mauvais bois" ; **Lubiosse** et **Lucats** (commune de Parentis-en-Born, L) ; **Lucarré** (PA), "le bois situé à l'ouest" (*arrèr*, en gascon) ; **Lucbardez-et-Bardes** (L) ; **Lucgarier** (PA), le "taillis de chênes" (de *garric*, "chêne") ; **Lugadets** (commune de Moustey, L) ; **Lugaut** (commune de Retjons, L), "le bois profond en étendue, éloigné" (*altus* = profond) ; **Luglon** (L), "le bois étendu" ; **Luc Maysouau** (commune de Maillas, L), "le bois du domaine" ; **Luquet** (HP), **Lutilhous** (HP), "bois planté de tilleuls".

164. Du latin *saltum* vient le mot *saut*, "bois, forêt". On le trouve dans **Etsaut** (PA, en vallée d'Aspe) qui est formé de l'article défini contracté "pyrénéen" *ath* (*a* + *eth*) et de *saut*, "à la forêt" ; dans **Sault-de-Navailles** (PA), formé de *saut*, "forêt", et **Navailles** venant du latin *novalia*, "terres nouvellement défrichées", que l'on retrouve dans **Navailles-Angos** (PA) ; dans **Sauméjan** (LG), "au milieu de la forêt.

165. Le nom gascon *sèuva*, "forêt", vient du latin *silva*.

On le reconnaît dans plusieurs toponymes : **Lasseube** (PA), **Lasseube-Propre** (G), **La Sauve** (Gir.) où l'abbaye fondée en 1079 contribua largement au défrichement de l'Entre-Deux-Mers, mais aussi **Saubole** (PA), **Sauvelade** (PA), "la forêt étendue" (en gascon *sèuva lada*) au milieu de laquelle fut fondée une abbaye en 1127, **Saubrigues** (L) "la forêt riche", **Saubusse** (L), "la mauvaise forêt" (< suffixe latin *-uceus, -ucea* à valeur péjorative). La région d'Arthez-de-Béarn (PA) correspond à la région du **Soubestre**, signifiant donc le "pays forestier". En Gironde, **Captieux** (*Capseubs*, en 1255, dans les *Rôles Gascons*) désigne "la lisière du massif forestier".

166. Outre ces quatre grandes "familles", existent d'autres toponymes servant à qualifier bois ou taillis. **Conchez-de-Béarn** (PA) aurait pour origine le latin médiéval *concesum*, "bois, taillis". Apparaissant assez souvent dans la microtoponymie la **Garenne** (*garèna*, en gascon) peut désigner une "chênaie" ou un "bois où la chasse était réservée au seigneur" (**La Garene**, à Richet, L ; **La Garenne de Nérac**, LG). Le gascon "ancien" *horc*, "lieu planté d'arbres, bois" a donné les noms tels que **Hourcade, Lahourcade** (PA) et autres **Lafourcade, Hours** (PA), **Fourcès** (G)... Aujourd'hui inusité, le gascon *lacai*, "gaulis" a fourni des microtoponymes tels que **Laquay** (ancien cadastre de Liposthey, L), **Lacay** (quartier de Taller, L ; lequel toponyme **Taller** signifiant lui-même "pousse, repousse", < occitan *talar*, "pousser, taller"). Les endroits appelés **Mate, Mathes** ou **Matha** viennent du mot *mata*, "buisson, touffe, cépée". De même en gascon *plaish* ou *pleish* désigne une haie, un petit bosquet (languedocien *plais* < latin *plexus*, "entrelacement"). **Ramous** (PA) vient du latin *ramus*, "branche" + suffixe *-osum* = "lieu feuillu, ombragé, couvert". Dans le toponyme **Le Tuzan** (Gir.) on retrouve le gascon *tus* ou *tusc*, "touffe, cépée". Enfin les noms comme **Brouil, Lebroulh** (G) < celtique **brogilum*, "taillis", et **Brouste, Broustè, Broustet, Broustic, Broustaric** (gascon *brosta*, "pousse, branche") correspondent à des halliers ou des endroits broussailleux.

Autres plantes sauvages ou cultivées

167. L'ajonc, plante arbustive très épineuse, affectionne

les sols de lande et est donc très répandu dans le Midi atlantique. Il est appelé en gascon *basta, gabarra, jauga* (surtout dans le nord des Landes et en Gironde), *toja*. Cela donne les (micro)toponymes **Basta, Bastanès** (PA), **Bastennes** (L), **Labaste, Bastar, Gabarret** (L), **Jaouga, Lasjaugues, Touya, Tuyas** (lande de **Tuyas**, aux confins de Commensacq et Labouheyre, L), **Touget** (G), **Toujouse** (G).

168. L'aubépine est généralement nommée *bròc*, d'où les endroits appelés **Broca, Brocas** (L), **Broquère**.

169. La bruyère (< latin *brucaria*) est appelée *bruc, bruga, burga* et aussi *brana*. Sur ces mots sont formés les noms tels que **Brana, Brané** ou **Branère, Labranouse** (lieu-dit à Saugnac-et-Muret, L), **Bruca** et **Bruga**.

170. La buglosse, plante de la famille des barraginacées, est appelée en gascon *lenga de buèu*, "langue de bœuf", et aussi *buglòsa*. C'est sans doute là l'origine de **Buglose**, quartier de l'ancienne paroisse de **Pouy**, aujourd'hui commune de Saint-Vincent-de-Paul (L) et lieu de pélerinage à la Vierge.

171. Le foin, ensemble d'herbes diverses destinées à être fauchées et séchées, se dit *hen* en gascon (< latin *fenum*), et a donné le toponyme **Féas** (PA), c'est-à-dire les "prairies à foin" (*hears* ou *hiars* en gascon). Dans les Hautes-Pyrénées, **Hèches** paraît venir de *heisha*, "gradin herbeux, difficile d'accès" (< latin *fascina*, "fagot", éventuellement utilisé pour retenir la terre : fascine).

172. La fougère (< latin *filix*) se dit en languedocien *falguièra*, en gascon *hèuguèra, hoguèra* ou bien *hèuç*. C'est l'origine des toponymes **Fauguerolles** et **Feugarolles** (LG), **Heugas** (L), **Le Houga** (G) et des microtoponymes du type **La Hèougueyre, Hougueyrot, Haugeyrots, Fougas**, etc.

173. Le genêt (< latin *genista*) se dit en occitan *genesta*, mais a des formes plus locales come *ginesta* ou *gesta*. On les retrouve dans **Gestas** (PA), toponyme gascon (*Giestars* au XIIe siècle) en zone basque (Soule) ou **Giscos** (Gir.) dont les formes anciennes étaient *Giescos*, puis *Gestos* dans les *Recogniciones feodorum*.

174. Le houx, *agrèu* ou *agrèule* (< latin *acrifolium*), donne les lieux-dits **Lagraula** (Terrier de Moustey en 1640), **La Greulade** (ancien cadastre de Pissos, L), **Lagraulet** (G, et quartier

de Geloux, L), **Lagraulas** (G).

175. Le jonc, en gascon *jonc* ou plus fréquemment, *junc*, donne les lieux-dits **Junca, Jonca, Juncalas** (HP).

176. Le lin était jadis très cultivé. D'où l'existence de microtoponymes tels que **Lias, Lio**.

177. Le phytoloque, dont les fruits très rouges servaient à fabriquer de la teinture, est appelé couramment *tinta-hiu* dans la Grande Lande, d'où des microtoponymes tels que **Au Tintey** (cadastre de Pissos, L).

178. La ronce, *romèc, arromèc* ou *arromet*, apparaît dans les noms tels que **Roumégoux, Lous Arroumets, L'Arroumèga**.

179. Le roseau, *gorbet* en gascon, se retrouve dans le toponyme **Gourbera** (L).

180. La *sanguina* est le nom gascon du cornouiller. Il est à l'origine du nom de **Sanguinet** (L).

181. Enfin la *sesca* est en occitan la massette ou roseau-massue (famille des typhacées). Elle est à l'origine du toponyme **Cescau** (PA) et des lieux-dits **Sescousse** ou **Cescousse.**

Les "Caplane"

182. La plupart des essences qui viennent d'être présentées se trouvent en plus ou moins grande abondance dans la lande océanique très présente "naturellement" dans le domaine gascon. Sous l'action de l'homme cependant le paysage a évolué. La toponymie en conserve les traces. C'est ainsi que dans toutes les Landes de Gascogne (environ un million d'hectares sur la Gironde, les Landes et le Lot-et-Garonne) le nom de lieu *cap-lana*, "bout de lande", se révèle fréquent. Il sert à délimiter les terres cultivées et les parcelles forestières ou les terrains en friche. On trouve ainsi les (micro)toponymes **Caplane**, parfois déformés en **Capblanc** (exemple sur le cadastre de Saugnac-et-Muret, L), mais aussi les lieux-dits **Cap-Bosc** (déformés parfois en **Capbœuf**), **Cap-du-Bosc, Captieux** et **Cap-de-Pin.**

La faune : exemple grand'landais

183. Les noms d'animaux marquent assez peu la toponymie. Evidemment la présence, il y a fort longtemps, de telle ou telle espèce a pu donner ici ou là un nom de lieu. Mais l'on doit aussi faire la part des ''*chafres*'' (sobriquets) qui se sont également fixés.

Si l'on prend l'exemple du canton de Pissos (L), on a deux grandes catégories :

184. **Les noms d'oiseaux : L'Arroupit**, le ''rouge-gorge'' (*ropit* ou *arpit* en gascon) sur l'ancien cadastre de Saugnac-et-Muret ; **L'Aouset**, ''l'oiseau'' (*auseth* ou *audeth* < latin *aucella*) à Liposthey et Pissos ; **Cante Coucut**, ''chante coucou'', sans doute d'origine onomatopéïque, à Pissos, se retrouve dans d'autres endroits tout comme les lieux-dits **Cantalauda, Chantalaoude** ou **Chantalouette**, *canta-alauda*, ''chante alouette'' ; **Coudrille**, lieu-dit de Moustey, littéralement ''tremble-queue'' (*coda*, ''queue'' + *riular*, ''trembler'') ; **Lagassey** à Moustey, Biganon et ailleurs aussi, est formé sur *l'agaça*, ''la pie'' ; un lieu-dit **A Pubetan**, à Saugnac-et-Muret, semble venir de *pubeta*, ''huppe'' ou ''bécasse'' ; le roitelet se reconnaît dans le lieu-dit **Roucouchits** (*recochet* ou *recochit*) à Pissos, tandis que **Rouchinoun** est une variante du ''*rossignol*'' (*rossinhon* ou *roshinon*).

185. **Les mammifères et divers :** A Saugnac-et-Muret le quartier de **Bop** signifie ''renard'' (*vòup* < latin *vulpem*) ; à Liposthey se trouve un microtoponyme **Cabiro**, ''chevreuil'' (*cabiròu* < latin *capreolum*) ; à Pissos le quartier **Camelebrey**, où s'étendaient jadis de grands champs (*camp* < latin *campum*), tire son qualificatif de la présence de lièvres (*lèba* < latin *leporetum*) ; à Saugnac-et-Muret existe également un amusant **Chantelèbe**, là aussi déformation probable de camp ; ''champ'' ; à Belhade comme à Moustey existe **La Hazouille** probablement dérivé de *hasa* (< germanique *Hase*, ''lièvre'') avec un suffixe péjoratif ; **Cantegrit**, à Saugnac-et-Muret comme dans d'autres villages, est formé sur le mot grillon < latin *grillum* (gascon : *grith* ou *grilh*) ; **Pitache**, à Belhade, est dérivé du latin putidum, ''putois'' (*pitòsh*, ou *putash* en gascon) ; enfin **Taupe** (Saugnac-et-Muret) semble bien cor-

respondre à un sobriquet, comme apparemment tous les noms d'animaux employés au singulier.

Les défrichements

186. Bois ou landes ont été défrichés pour établir les communautés nouvelles dans le grand mouvement de mise en valeur des sols entre le Xe et le XIIIe siècle. Ces terres ainsi rendues cultivables sont généralement appelées *artiga* (< prélatin **artica*). Outre les nombreux lieux-dits ainsi nommés, existent les toponymes **Artigue** (HG), **Artigues-près-Bordeaux** (Gir.), **Artigues** (HP), **Lartigue** (G et Gir.), **Artiguedieu** (G), **Artigueloutan** (PA), "la petite terre défrichée" (*artigalòta*), **Saint-Antoine-d'Artiguelongue (Gir.)**, **Artiguelouve** (PA), formé selon M. Grosclaude d'*artiga*, "friche" et de l'oronyme prélatin **lob* (qu'on retrouve dans **Lubéron**, montagne de la **Loube**, etc.). On trouve aussi les microtoponymes **Lartigat, Lartigau, Lazartigues**, etc.

187. Essarter, défricher se dit aussi en occitan *bodigar* ou *bosigar*. Une *bosiga* ou *bodiga* (*boïga* > **Bouygues** en Auvergne) est donc une "terre défrichée". C'est le sens des lieux appelés **Bouzigue, Boudigue, Laboudigue, Bousiga**. On peut remarquer que *bodigar* a aussi le sens de fouiller, remuer la terre (le ver lombric se nomme "*bodic*"), d'où probablement le nom du ruisseau exutoire du marais d'Orx et de l'étang d'Yrieu dans le pays de **Maremne** (L), qui serpente à travers les dunes avant de rejoindre l'océan à Capbreton, le **Boudigau**.

188. Les lieux-dits **Cournau** ou **Cournalè, Cournalère**, correspondent à un quartier, un carrefour. En fait le premier sens, c'est le "coin de bois défriché et mis en valeur", d'où le sens de "hameau".

189. Bêcher, sarcler donc travailler la terre se dit en gascon *hòder, hodir, hodjar*. On y retrouve le mot houe < germanique **hauwa*. C'est là l'origine des pièces de terre appelées **Houdière, Houdias, Houdin** que les cartes ou cadastres de la Grande Lande mentionnent.

190. Il faut accorder le même sens aux terres nommées **Treytin, Treytiu** ou **Treytès**, issues du verbe *treitejar* ou *treitinar*, "défricher, écobuer".

191. Il existe aussi des (micro)toponymes **Labatut** (L, PA), c'est-à-dire *l'abatut*. En gascon *abatut* est le participe passé du verbe *abàter*, "abattre, faire tomber" ; il faut donc comprendre ces noms comme "terre défrichée".

192. En Lot-et-Garonne, **Pindères** peut venir du gascon *pinda*, "bande de terre soulevée par le soc et couchée de côté" + suffixe *-èra*. Ce doit être rapproché des microtoponymes **Pindat** ou **Penent**, au sens de "versant".

Domaines et régime foncier

193. Les lieux en défens (bois interdit au pacage des animaux, par exemple) sont appelés **Bedat, Devèze, Ladevèze, Dehez** (< latin *defensum*). C'est également un peu le sens des endroits nommés **Gardère** (*gardèra*) — **Gardères**, HP, et **Lagardère**, G, par exemple — ou **La Gouardère** (deux microtoponymes dans le canton de Pissos, L) : ils correspondent généralement à des anciens "bois gardés". Au nord du Béarn, **Thèze** (PA), a le sens voisin de "terre défendue" (latin *tensa*), cependant que **Tenoy** (cadastre de Saugnac-et-Muret, L) est un diminutif de "tenure" (< latin *tenere*).

194. **Domengeux** (commune de Corbères-Abère-Domengeux, PA) et **Demenjon** (quartier de Pissos, L) correspondent certainement à l'adjectif *domengiu*, "qui appartient au domenger" ; celui-ci étant une sorte d'écuyer, de noble de troisième classe, possédant un domaine appelé *domec* (< latin *dominicum*).

195. En certains endroits existent des lieux-dits **Lérété, Larté, Érété, Harté** : il s'agit de *(l')eretèr*, "l'héritier", du latin *hereditare*, "hériter".

196. **Mayne, Maynieu**, sont formés sur le mot *maine*, "domaine, demeure". Ce peut aussi avoir le sens de "hameau". Dérivés du latin *mansionem*, ces termes sont parents des appellatifs **Mas**. Le *mas* est "la maison, l'habitation rurale, la ferme". Le mot est resté beaucoup plus vivant en Provence et Languedoc qu'en Gascogne. Cependant on trouve **Le Mas d'Agenais** (LG), **Mas-d'Auvignon** (G), **Mas-Grenier** (TG), **Masseube** (G), formé avec *sèuva*, "forêt", et également **Manciet** (G). Dans les Landes **Mano** (forme

ancienne *Manor*) résulte sans doute d'une forme savante *manorium*, "manoir", < latin *manere*, "demeurer".

Champs, cultures et jardins

197. Le champ, du latin *campus*, se dit *camp* en gascon. Nombreux sont les (micro)toponymes de ce type, avec un diminutif ou un qualificatif : **Campredon** ou **Campardon** (*camp redon* : "champ de forme arrondie"), **Campet** (commune de **Campet-et-Lamolère**, L), **Campot, Campsot, Camptort** (commune de **Ogenne-Camptort**, PA, *lo camp tòrt* : "le champ tordu ou tortueux"). Sur la même racine sont bien sûr formés les toponymes **Campagne** (L), **Campagne-d'Armagnac** (G) et **Campan** (HP).

198. Si dans le gascon moderne *casau* (languedocien *casal*) signifie simplement "jardin potager" (11), le terme a eu un sens plus large dans le passé. Du latin *casalem, casal/casau* signifiait "maison avec les terres attenantes", plus ou moins vastes, d'où l'acception de "métairie" parfois, ou "enclos" (donc le "potager"), ou encore "domaine". On comprend de la sorte l'existence de lieux-dits et de toponymes tels que **Cazaux** (Gir.) ; **Cazaux-d'Anglès** (G) ; **Cazaux-Debat** (HP), c'est-à-dire "en aval, dessous", qui est le pendant de **Cazaux-Dessus**, "au-dessus" et de **Cazaux-Fréchet**, formé sur *fraxinus*, le "frêne" dans la même vallée bigourdane du **Louron** ; **Cazaux-Layrisse** (HG), **Cazaux-Savès** (G), **Cazaux-Villecomtal** (G). Avec le suffixe *-itium*, il y a **Cazalis** (Gir. et L), avec les diminutifs *-et* et *-ot*, **Cazalet, Cazalot. Cazarilh** (HP), **Cazaril-Laspènes** et **Cazaril-Tambourès** (HG) sont formés avec le suffixe *-ile*. En Bazadais **Cazats** (Gir.) paraît être un croisement entre *casales* ("les domaines") et *casets* (< latin *casellos*, "petites cabannes").

Par ailleurs le *casalar* ou la *casalèra* signifient "l'enclos, le bien entourant la maison", d'où la possibilité de trouver des lieux nommés **Cazala, Casalère**.

D'autres fondations médiévales sont, elles, nanties d'un qualificatif ; par exemple **Cazaubon** (G), **Cazaugitat** (Gir.), de l'occitan *getar*, "jeter, abandonner", **Cazaunous** (HG), "nau(s)" voulant dire "nouveau(x)", **Cazauvielh**.

Simple construction ou maison avec des terres, le gascon *casa* a permis de former les dérivés **Cazères** (HG), **Cazères-sur-Garonne** (HG), **Cazères-sur-l'Adour** (L), et également **Cazeneuve** (G), **Cazeneuve-Montaut** (HG) et les nombreux lieux **Cazenave** ou **Cazeneuve**.

199. La forme des parcelles cultivées est indiquée dans les lieux désignés **Courrège, Lacourrège, Courria** ou **Courrouye**, du latin *corrigia*, "courroie", ou bien **Lalonguère** (commune de **Maspie-la-Lonquère-Juillacq**, PA), du gascon *lonquèra*, "terre allongée".

Le terme gascon *lamanh* (< latin *magna* + article agglutiné *la*) désigne une étendue de terre assez grande ; cela donne les noms **Lamaign** (cadastres de Liposthey et Moustey, L), **Lamagn** ou **Lamaignère**. A Mano (L) un lieu-dit **Moussicq** désigne un "morceau", un "petit bout" (< latin *bucca*, "bouche, bouchée", avec mutation b > m) ; de même le cadastre de Saugnac-et-Muret (L) porte un lieu-dit **Mic**, < latin *mica*, "miette de pain", donc "petite parcelle de terre".

200. Les terres labourées peuvent être appelées *laur* (< latin *laborare*, "travailler", d'où *laurar*, "labourer"). On a ainsi des lieux appelés **Lau, Laujuzan** (G), "la terre d'en bas", ou **Araujuzon** (PA), déformation de *laujuzon* (12), ou encore **Lau-Balagnas** (HP).

Dérivés de *cultura*, "culture", existent aussi les lieux nommés **Couture, Lacouture, Coudures** (L), **Couthures-sur-Garonne** (LG)

201. Dans les Landes de Gascogne il est courant de trouver des lieux nommés **Pèce** ou **Pesse, Pessasse** ou **Pessot**, formés sur le gascon *pèça*, "pièce (de terre)". Existent aussi des lieux nommé **Plante, Plantié, Plantey**, évidemment formés sur *planta*, "lieu ou terrain complanté d'arbres ou de vignes". Le terme *plantèra* a pratiquement la même signification. En Chalosse ou Béarn, aire d'expansion de ce divertissement, le "plantier" désigne l'aire en terre battue pour le jeu de quilles de neuf.

202. Dans la Grande Lande apparaissent des lieux-dits **Taule, Lastaules** ; il s'agit de microtoponymes concernant des terres traditionnellement disposées en billons dans ces régions humides, donc en "tables" (*taula* en gascon). Le cadastre de

Saugnac-et-Muret (L) a un lieu-dit **Cal**, dérivé du verbe *calar*, "relever la terre des bords du sillon, caler, étayer".

203. Les prairies sont parfois clairement désignées dans la toponymie. Le latin *parietinas*, "murs délabrés, ruines", a fourni le mot pyrénéen *pardinas*, utilisé en Aragon au sens de "pâturage de montagne avec des murettes". Conformément à la phonétique gasconne, l'on trouve donc *pardias* en Béarn, fixé dans **Pardies** et **Pardies-Piétat** (PA). *Prat, prada* (< latin *pratum*, "prairie") donne les lieux-dits **Prat, Prade** (exemple : **La Prade**, commune de La Brède, Gir.), **Pradère** (commune de Pradère-lès-Bourguet, HG).

Dans la Grande Lande l'écobuage a pu donner, dans l'ancien cadastre de **Moustey**, un lieu-dit **A las Bluhes**, dérivé de *bluhar*, "flamber, brûler", < latin *ustulare* (qui a aussi donné *usclar*, "flamber"), mais influencé par l'ancien français bruir. *Brustulare* > *brustlar* > *bluslar* > *bluha*. Il s'agit donc d'un "endroit où l'on faisait brûler la brande pour avoir de l'herbe tendre".

Dans la même région des microtoponymes **Dailledins** (ancien cadastre de Pissos, L) ou **Dailhadin** (Liposthey) correspondaient à des variantes locales de *dalhadèr*, "prairie de fauche", < latin *daculum*, "faux".

204. La vigne se retrouve dans les lieux appelés **Le Vignau** (L), **Vignaux** (HG), **Vignes** (PA), **La Vignolle** (commune de Salles, Gir.).

Des endroits difficiles

205. Les terres mises en valeur n'étant pas toujours généreuses, la toponymie comporte aussi des noms exprimant le dépit quelque peu ironique du cultivateur peu récompensé ou le caractère déshérité de l'endroit. **Herm** (L) et **Lerm-et-Musset** (Gir.) désignent une terre nue, une friche (< latin *eremum*, "désert"). **Bas-Mauco** (L) et **Haut-Mauco** (L) correspondent aussi à un terrain ingrat (*malum*, "mauvais" + *cor*, "cœur"). **Mange-Profit, Minjeprofit, Mingegagnat** indiquent une terre peu féconde. Dans le même registre **Ogeu-les-Bains**, PA, vient très probablement, selon M. Grosclaude, du basque *ohil*, "désert".

206. Sans doute d'origine germanique, l'occitan *bòrda* a plusieurs sens : "bâtiment agricole", parfois "bergerie" ou "grange", et au delà "ferme, métairie". Rien d'étonnant par conséquent de trouver, très répandus, des lieux-dits **Borde, Laborde, Lesbordes. Arricau-Bordes** (PA), **Bordes** (HP, PA), **Laborde** (HP), **Bordes-de-Rivière** (HG), **Les-Bordes-sur-Lez** (A), et — avec le suffixe locatif *-aria* — **Bordère** (PA), **Bordères-et-Lamensans** (L), **Bordère-Louron** (HP), **Bordère-sur-l'Echez** (HP) sont des toponymes où *bòrda* prend le sens un peu plus large de "hameau". Existent également les diminutifs **Bourdelles** (Gir.) et **Bourdettes** (commune de Nay-Bourdettes, PA).

On trouve bien sûr, avec un qualificatif, des microtoponymes **Bordeneuve** ou **Bordenave** (*bòrda nava*, "métairie neuve"), **Bordevieille, Bordesoule** (*bòrda sola*, "ferme isolée"), etc.

De même sens que *bordèra*, le terme *bordalat* ou *bordalada* désigne un hameau, et a donné deux toponymes **Bourdalat** dans les Landes et dans les Hautes-Pyrénées (commune de Galan).

Les dérivés tels que *borderia* ou *bordil, bordilar* ont le sens de "domaine d'une borde", ou la maison elle-même et donnent les noms de lieux **Borderie, Bourdil, Bourdila**. De sens similaire se rencontrent aussi les noms **Bourdieu, Le Bourdieu** (gascon *bordiu*).

207. Des microtoponymes **Lahitau, Lahitète** existent avec le sens de "hameau", ou de "terres éloignées", c'est-à-dire situées entre deux bornes de paroisse (*fitta*, ou *hitta* < latin *[petra] ficta*, "pierre fichée"). En fait les lieux-dits **Lafitte, Lahitte** correspondent aussi tout simplement à des limites de communes ou à des jalons sur les chemins. Exemples : **Laffitte-Toupière** (HG), **Lahitte-Toupière** (HP), **Lafitte** (TG), **Lafitte-Vigordane** (HG), **Lafitole** (HP) avec un diminutif, **Lahitère** (G), **Lahitte** (G) et **Lahitte** (commune de Parentis-en-Born, L, et commune d'Avezac-Prat-Lahitte, HP).

208. L'occitan *barrèra*, "barrière", a pu donner des lieux-dits **Barrère, Barreyre** ou **Labarrère**, commune du Gers.

209. Le nom de la commune de **Gére-Belesten** (PA) vient semble-t-il du gascon *gèra*, ou *gèrla*, "grange et herbages qui l'entourent".

210. En Béarn **Laàs** et **Lamayou** viennent du gascon *lar* (< latin *lares*), "maison, foyer", *Lar major* étant la "maison grande". **Lacq** (PA) procède d'une évolution sémantique originale ; en effet du latin *lacum*, "lac, mare", on est passé à l'idée de "bassin", puis de "cuve", de "pressoir", de "baquet de forgeron", et de "case pour les grains" ; ce qui peut aboutir au sens de "grange".

211. Enfin la maison d'une façon générale en gascon est appelée *ostau* (< latin *hospitalem*), diminutif *l'ostalòt* (lieux-dits **Loustalot, Loustalau, Lostalet**), *maison* (lieux-dits **Lamaison, Maysouau, Maysonave**...) et bien sûr *casa* (cf. § 198).

212. Si les noms **Latapie** ou **Tapie**, voire **Tapié**, sont plutôt des noms de métiers à l'origine ayant fourni des noms de familles, ils peuvent apparaître dans la microtoponymie (noms d'écarts ou de "bordes"). La *tapia* (du verbe *tapiar*, "battre la *tapia*, tasser", synonyme : *tapir*), c'est le "pisé", le "torchis", mélange de terre, de paille et de chaux pour faire les murs ou les cloisons.

213. Dérivés du nom *molin*, "moulin", peuvent apparaître les lieux-dits **Mouli, Lamolie** ou **Moulia** (le *moliar* est "tout ce qui constitue le moulin, y compris les terres").

L'élevage

Activité ancestrale, l'élevage a laissé de nombreuses traces, essentiellement microtoponymiques. On peut les classer en trois thèmes.

214. **Le troupeau.** Il existe un lieu nommé **Buou Mort** (cadastre ancien de Biganon, L), le "bœuf mort" (la tradition populaire garde le souvenir d'un bœuf enlisé dans un marais). A Moustey (L) et à Saugnac-et-Muret (L) se trouvent des microtoponymes **Couye** et **A Couyes** ; ce sont des dérivés de *coi* (féminin *coia*), "tondu", allusion aux troupeaux de brebis ou "moutons sans cornes".

En Grande Lande aussi des lieux-dits **La Crabette** ou **Au Crabot** peuvent rappeler des élevages de chèvres (*craba* en gascon, < latin *capra*, chèvre”). En Lot-et-Garonne, **Moncrabeau** peut se traduire par “mont chevrier”.

Menate (Pissos, L), **Menaye** (Saugnac-et-Muret, L) sont formés sur le verbe *menar* ou *miar*, “mener, conduire un animal”. Le premier terme désigne l’animal qui est toujours en tête du troupeau, le second est en fait *lo menaire*, le “gardien du troupeau”.

Du latin *porcus*, “porc”, sont issus les noms de **Lespourcy** (PA), *Lustreporci* au XIIe siècle, c’est-à-dire le “repaire des porcs sauvages, des sangliers” (< *lustrum*, “bourbier, repaire d’animaux”), et de **Poursuigues** (commune de **Poursiugues-Boucoue**, PA). Le terme gascon *porsiuga* ou *porsuga*, qu’on retrouve dans **Poursiuguères** (hameau de Sabres, L) désigne un “abri pour les porcs” (encore qu’il existe le terme *sot* — < latin *sus*, “porc” — qui est la “loge à porcs”).

215. **Le pasteur.** Les lieux-dits **Bassibé** (exemple : quartier de la commune de Vielle-Tursan, L) ou **Laouillé** évoquent le berger qui garde les jeune antenais (brebis de 10 à 18 mois), *bassius* ou *bassivas* en gascon, ou qui surveille les brebis en général (*aulha, auelha, oelhas* < *ovicula*, “petite brebis”). De même les lieux-dits **Boué** ont pour origine le “bouvier”, *boèr* ou *boèir* en gascon. Les cadastres de la Grande Lande révèlent aussi des noms très particuliers comme **Chancayre** (Biganon, L), l’“échassier” (gascon *chanca*, “échasse” < *estancar*, “être debout”), ou encore **Lampaley** (Saugnac-et-Muret), *l’empelèir* (Autrefois les gardiens de troupeaux tricotaient de grosses chaussettes appelées *empelas* < latin *pilum*).

216. **Les bâtiments d’élevage et les terrains de parcours.** Les microtoponymes **Barguère, La Bargueyre** (cadastre de Mano, L), du gascon *barguèra*, représentaient à l’origine des endroits où étaient placés des “parcs mobiles pour les ovins”, permettant ainsi aux champs d’être fumés sur place par le troupeau. Le terme parc, très fréquent dans les Landes de Gascogne, a aussi des dérivés qui sont *pargau* en Médoc et *parguia* ; c’étaient à l’origine des enclos pour le bétail. Les lieux appelés **Barrail, Barrouil, Barrouilhet, Barroulheyres** correspondent, dans le système agro-pastoral de jadis, à des “terres encloses” ou des “barrières fermant un pré” (*bar-*

ralh et *barrolh* venant de *barrar*, "fermer"). *Cleda*, ou son diminutif *cledon*, ont le même sens de "barrière, enclos", qu'on retrouve dans **Clèdes** (L), < latin *cleta*, "barrière". De sens analogue sont les lieux-dits **Claous** (cadastre de Pissos, L) ou **Clauzet**, la *claus*, en gascon < latin *claudere*, "fermer, étant la clôture en général.

Bourriot (commune de **Bourriot-Bergonce**, L) peut être une forme diminutive de *boaria/boèiria*, "étable à bœufs" < latin *bovaria*. On peut le rapprocher des appellatifs **Borie** et **Laborie** ; toutefois en domaine languedocien le terme *bòria* désigne plus généralement une "ferme", un "domaine agricole".

Semblant venir du latin *cubile*, "gîte d'un animal", le mot gascon *cujalar*, "parc à bétail", avec ses nombreuses variantes (*cujolar, coèilar, cuèu, cujèu, cuilar, cuiu*) apparaît dans la microtoponymie principalement pyrénéenne (cf. le basque *kayolar*) et grand'landaise (lieux-dits **Couyala** sur le cadastre de Pissos, L, et **La Couyelle** à Belin-Beliet, Gir.).

Issu du latin *jacere*, "être étendu, être couché", le provençal *jaç* signifie "bergerie" (lieu où se reposent les bêtes). Le gascon *jaça*, "litière", se retrouve dans la toponymie : **Jasses** (PA) et autres lieux-dits, pyrénéens principalement.

Isolés sur les cartes, et à présent dans le "*pinhadar*", les lieux-dits **Aux Oustaous, Aux Oustalets** prennent dans la Grande Lande le sens plus étroit de "cabanes de bergers". Dans la même zone les lieux nommés **Courgeyre, Courgeyrot** ou **Péguilley** correspondent aux landes de parcours, très nombreuses avant l'implantation de la forêt. Le terme *corjèira* (ou *corrièira*) provient du latin *currere* + suffixe *-aria* ; c'est plus précisément la "partie de la lande avoisinant les lieux habités". Le second mot, *peguilhèir*, est un dérivé de *pecus*, "bétail", et a un sens voisin du languedocien/provençal *dralha*, "voie suivie par les troupeaux".

217. Le cas de **Labouheyre** (L) est un peu énigmatique, bien qu'il concerne certainement l'élevage. Les attestations anciennes sont "*la boheria*" (*Rôles Gascons,* 1254), mais aussi "*La boera = Castrum de Herba Faveria*" et "*Erba Faveria*" (*Rôles Gascons* en 1254, et en 1304-1305). L'importance et la réputation des foires de Labouheyre permettent de penser que ce castelnau fondé au XIIIe siècle par le roi d'Angleterre

était le centre d'un respectable élevage de bétail, ce que justifierait l'étymon gascon *boeria*. Un lieu-dit **La Boyre** se trouve au nord du bourg actuel. La traduction médiévale érudite "*herba faveria*" peut s'expliquer par l'existence du substantif gascon *haboeira*, "sol propice à la culture de la fève".

Les ruines

218. Du latin *macerias*, "murs de pierres sèches, ruines", proviennent les toponymes **Lamazère** (G), **Mazères** (Gir.), **Mazères-de-Neste** (HP), **Mazères-Lezons** (PA), **Mazères-sur-Salat** (HG), et avec le diminutif *-olas*, les villages appelés **Mazerolles** (L, PA, HP).

Les ruines peuvent être également présentes dans la microtoponymie sous la forme **Las Peyres** (*las pèiras*, "les pierres") ou, assez curieusement **Les Sarrazins**, car dans l'inconscient collectif les invasions sarrazines, pourtant rarissimes en Gascogne, sont liées à maintes destructions.

La religion

Les bâtiments liés à l'Eglise — en dehors des sauvetés ou autres établissements réalisés sous sa direction — apparaissent parfois dans la toponymie gasconne.

219. On peut trouver des microtoponymes **Abadie, Labadie, Labadiole, Badiolle**, provenant bien sûr d'*abadia*, "abbaye, monastère". En fait ce sont en général des noms de famille qui ont servi à désigner une terre ou une ferme.

220. Contrairement à beaucoup d'autres régions le terme chapelle (*capèla*, en languedocien ; *capèra*, en gascon) n'a guère essaimé dans la zone gasconne. Cependant existent des lieux-dits **La Caperanie** (exemples à Sabres, L) ; il peut s'agit d'une terre appartenant au presbytère ou sur laquelle il se trouve, ou bien dont les bénéfices vont au titulaire d'une chapelle (*caperania* : "chapellenie"). En Béarn, les habitants de la commune de **Haut-de-Bosdarros** (PA), créée seulement en 1889, appellent, paraît-il, leur village (littéralement : *Haut deu Bòsc d'Arròs*, "Le haut du bois d'Arros"), "*lo chapelòt*", c'est-à-dire "la petite chapelle", en raison d'une cha-

pelle de quartier devenue église paroissiale.

221. Du latin *cella*, "endroit où l'on serre, magasin" (cf. français cellier), puis au Haut Moyen âge "ermitage, petit monastère", l'occitan a gardé le terme *cèla*, "cellule, couvent, abri", et le gascon a aussi le mot *cerèr*, "cellier, grange". Les toponymes **Cère** (L), **Chelles-Debat** (HP), **Chelles-Spou** (HP), formé avec *espona*, "versant", **Sère** (G), **Sère-Lanso** (HP) et **Sère-Rustaing** (HP) correspondent donc à une petite communauté dépendant d'une abbaye.

222. Venu du latin *granica*, la grange est d'abord le "grenier à céréales", puis la "ferme". Après le XIIe siècle ce terme désigne souvent une ferme dépendant d'un monastère, surtout cistercien. C'est le sens des toponymes **Lagrange** (L, HP).

223. *Monasterium*, "monastère", a donné le vieux français moustier, moûtier et aussi *mostèir*, dans la partie occidentale de la Gascogne. **Moustey** (L) porte ce nom en raison de l'existence, au Moyen âge, d'un *espitau* (hôpital) qui accueillait les pélerins sur le chemin de Saint-Jacques-de-Compostelle ; il était tenu par des moines. Il n'en reste aujourd'hui, à côté de l'église paroissiale, que l'église Notre-Dame, antenne de l'écomusée de la Grande Lande consacrée aux croyances populaires et au patrimoine religieux.

224. La règle monastique (< latin *regula* > gascon *règla, rèula*) a donné les toponymes **La Réole** (HG), **La Réole** (Gir.), **Larreule** (HP, PA).

Il existe un **Le Temple** en Gironde. Les toponymes de ce type sont en général liés à une maison de l'ordre des Templiers.

225. *Capots* ou *cagots, crestians* ou *gahets* (du verbe *gahar*, "attraper") dans la Grande Lande : il existait en Gascogne (au Moyen Âge surtout) des "marginaux" ainsi nommés. Ces parias subissaient des interdictions (notamment les métiers en rapport avec l'alimentation et l'agriculture). Certains quartiers, dans les villages, leur étaient réservés, d'où l'existence de microtoponymes les évoquant (exemple : lieu-dit **Puts Gahet** sur le cadastre ancien de Biganon, L, "le puits des gahets").

226. Le chemin se désigne de plusieurs manières en gascon. Du latin *via* "voie", vient le terme diminutif *viòt* qu'il faut traduire par "chemin étroit, sentier". Cela peut donner des microtoponymes du type **Biot, Bialot** (*vialòt*, "petit chemin"), ou **Bialère** (*vialèra*, "voie, chemin").

Existe également le terme *camin*, < latin vulgaire *camminus*, qu'on retrouve en Béarn sous la forme **Cami** (commune de **Casteide-Cami**, PA), qu'on décèle dans **Caminasse** (littéralement *caminàs*, le "mauvais chemin"), appellation courante en Bordelais de la Départementale 108 reliant Bègles à Beautiran. On trouve beaucoup en Gascogne des appellations **Camin Romieu, Camin Romiou** (*camin romiu*) ; plus ou moins abandonnées, parfois recouverts par la forêt (c'est le cas du côté de Biscarrosse), les *camins romius* correspondent aux itinéraires fréquentés dans le temps par les pélerins (*romius*) de Compostelle (13). Sur les anciens cadastres peuvent apparaître le **Chemin Glizier** (cas de Saugnac-et-Muret, L) ou le **Camin Glizié** (exemple de Pissos, L), ou bien le **Camin Missey** (littéralement : "le chemin de la messe") : ils concernent les voies reliant les quartiers, plus ou moins éloignés, à l'église paroissiale.

227. "Voie entre les maisons, rue, chemin", le gascon *carrèra* — ou *carrèira* dans le Nord des Landes, d'où la dénomination courante **Carreyre** ou **Carreuye** — a plusieurs significations. Dans les PA, **Carrère** peut à l'origine signifier la rue principale, mais aussi le bourg. Dans la Grande Lande la "**Carreuye**" désigne tout simplement un chemin forestier sablonneux, assez étroit. L'étymologie en est *carraria*, "chemin à chars".

228. Du latin *calciata* (sous-entendu *via*), qui doit être compris comme "route empierrée" (*calciata* : participe passé d'un verbe **calciare*, "fouler aux pieds", dérivé de *calx*, "talon"), l'occitan *calçada/cauçada*, "chaussée", et parfois "levée de terre", a donné les noms **Caussade** (HP), **Lacaussade**, apparaissant souvent dans la microtoponymie.

229. Dérivé du latin *strata* (sous-entendu *via [strata] lapide*), "route faite d'une couche de pierres", existe l'ocitan *estrada*,

"route" (éventuellement pavée). Ce terme est à l'origine des lieux-dits **Lestrade** ou **Estrade** ou **Lestrat** (**Moulin de Lestrat** à Lencouacq, L).

230. En occitan le mot *endreça* (< latin *in* + *directum* + suffixe *-ittiam*) a le sens de "direction, moyen, expédient". Comparé au dérivé *endrecèra*, "chemin, sentier de travcrse" dans la région de Luchon (HG), et à l'aragonais *endrezere*, "raccourci", le mot peut donc avoir aussi le sens de "direction, point de passage". C'est l'explication, donnée par M. Grosclaude, pour **Lendresse** (PA) qui se trouve bien sur un itinéraire jacobite.

231. Les carrefours, croisements, correspondent aux appellatifs **Cayrehourc, Coayrehourc, Coeyrehourc** (< latin *quadrifurcum*), **Hourcade** et **Hourc** (HP), **Crouseilles** (PA) dérivé de *crucem*, "croix, croisée de chemins" + suffixe *-iculas*, **Croutze-Cami, Croutzade**.

232. Les limites ou jalons sur une route ou à l'extrémité d'un village se retrouvent dans les lieux appelés **Fitte, Hitte, Lafitte, Lahitte** (cf. § 207), **Lacadée** (PA), c'est-à-dire la *cadea* (< latin *catena*, "chaîne"), au sens de "limite, enceinte", **Marque, Lamarque** (Gir.), **Marquès, Marquèze** (commune de Sabres, L), **Termes** (exemples Termes-d'Armagnac, G, et même **Thermes**, HP).

233. Il existe également l'appellatif *sendèr/sendèra*, "sentier, sente", < latin *semitarius*, à l'origine des toponymes **Sindères** (L), vraisemblablement sur l'ancienne voie romaine reliant Dax à Salles, puis Bordeaux, et **Sendets** (Gir.).

234. Les dangers de la route, du temps où les voyageurs et les pélerins risquaient d'être attendus au coin du bois, se perçoivent de manière amusante dans la toponymie : **Cluquelardit** (transcrit **Cluquetardit** sur la carte IGN au 1/100 000e, édition 1974), sur la route Dax-Castets dans la commune de Herm (L), veut dire en somme "regarder [celui qui a de] l'argent", formé de *clucar*, "fermer les yeux", d'où observer, reluquer, et de *ardit*, "liard", pièce de monnaie ancienne ; **Pille-l'Ardit** (commune de Pouydesseaux, L), sur la grand'route Roquefort-Villeneuve-de-Marsan, a pratiquement la même acception (en gascon, un *pilha-l'ardit* est un "détrousseur" ; les mauvais lieux pouvaient aussi être appelés de la sorte).

Les industries

Des activités liées à l'exploitation d'un minerai ou d'un gisement d'argile ont pu être à l'origine d'un toponyme.

235. **Beyrie** (PA), **Beyries** (L), comme **Labeyrie** (PA) proviennent du latin *vitrina*, "atelier de verrier", d'où est issu le gascon *veiria, veirina*, "verrerie". Il existe à **Mérignac** (Gir.) un quartier nommé **Veyrines**.

236. Issu du latin *fabrica*, "atelier", la *harga* ou la *hòrga* est en gascon la "forge". C'est l'origine des noms **Fargues** (Gir., L), **Fargues-Saint-Hilaire** (Gir.), **Fargues-sur-Ourbise** (LG), **Forgues** (HG), **Horgues** (HP), et autres **Lafargue**. Bien entendu les lieux-dits **La Forge** (exemple : **Pont de la Forge** à Pissos, L) ou **Les Forges** (exemples : Brocas, Pontenx ou Uza dans les Landes) rappellent des activités métallurgiques éteintes il y a plus ou moins longtemps. **Herré** (L), **Herrère** (PA), **Ferrère** (HP), proviennent du gascon *ferrèra/herrèra*, "mine de fer" ou "grande forge".

237. Les lieux-dits **Teoulère, La Téouleyre** ou **Tuilière** correspondent à des tuileries (*tèulèra/tèulèira* eu gascon), < latin *tegula*, "tuile", + suffixe -aria.

238. Dans les Landes de Gascogne le travail de la résine et du goudron a donné, çà et là, des lieux-dits **Atelier, L'Huilerie, Oulieyre, Loulière, Ouliayre** (gascon *olièir*, "brûleur de gemme", ou encore **Les Taus** (exemples à Pissos, L). Le mot *taus*, classé par G. Rohlfs comme un des plus caractéristiques de l'aire aquitanique, a pour sens premier "auge creusée dans un tronc d'arbre", et dans la Grande Lande il a aussi pris celui de "vaste récipient dans lequel est brassé le brai".

238bis. Mentionné *Salinae* dès le Xe siècle sur le *Cartulaire de Bigorre*, **Salies-de-Béarn** (PA) où le sel fut très tôt exploité, signifie donc "les salines" (*salinas* > *salias* en gascon), tout comme **Salies-du-Salat** (HG).

Les noms de personnes

239. Dans le domaine gascon comme dans le reste de l'espace français les noms de personnes sont nombreux et variés et ont imprégné la toponymie. Aussi faut-il être d'une grande prudence lorsqu'il s'agit non seulemernt d'interpréter, mais surtout de dater. De quelles données simples

dispose-t-on sur les noms de personnes ?

240. Il y a d'abord ce qu'on appelle aujourd'hui le prénom ; autrefois c'était systématiquement ou presque le nom de baptême, tant l'influence de l'Eglise était généralisée. L'état-civil moderne parle de prénom, puisque — même s'il est majoritaire dans notre pays de civilisation chrétienne — le baptême n'est pas obligatoire. Le martyrologue, les évêques des premiers siècles de l'ère chrétienne ou du Moyen Age tout comme les textes anciens en donnent une liste abondante. Beaucoup de ces noms de baptême continuent aujourd'hui, sous des formes quelquefois plus "modernes", au gré des modes et des mœurs. D'origine hébraïque, grecque, latine ou germanique, ils sont majoritaires.

A titre d'exemple l'examen des cadastres dans le canton de Pissos, en Grande Lande, permet de relever des noms tels que **Arnaout (Arnaud), Bidaou** (*Vidau*, forme gasconne de **Vidal** < latin *Vitalis*, lequel nom apparaît aussi dans la microtoponymie), **Cristaou (Christophe** cf. 61), **Cecile, Guilhem-pay** (c'est-à-dire **Guillaume-**"père"), **Halip (Philippe), Jean, Jourdan** (le nom du fleuve Jourdain, dans lequel Jésus-Christ aurait été baptisé, devint un nom de baptême assez répandu après les croisades), **Mariane, Mathieu, Micheu** (= *Miquèu*), **Nadau** (forme gasconne de **Noël**, < latin *Natalis*), **Peyre (Pierre), Pèou** (déformation de *Pau*, Paul), **Thoumas** (Thomas).

241. Viennent ensuite les hypocoristiques. On pourrait plus simplement dire les diminutifs. Comment sont-ils formés ?

a) soit avec un suffixe diminutif

FORME ACTUELLE		suffixe étymologique	Exemples
-graphie normalisée	-graphie phonétique		
-et, eta	-et, ette	-ittus, itta	Poulet
-in, -ina -ia	-in, -ine -y, - ie	-inu, -ina	Janty Jeantine
-ilh, ilha	-ille	-iculu	Bernadille
-ic	-ic	Pré roman	Poulic
-on, -ona	-ou, -oune -oun	-one	Jacon Bertranoun
-òt, òta	-ot, -otte	-ottus, -otta	Peyrot Mariotte
-òl, -òla	-ol, -olle	-olus, -ola	

b) soit avec deux suffixes diminutifs combinés
Par exemple *Maria* > *Marion* > *Marionina* (**Mariounine**) ; Pierre > *Pierrolic* (**Pierroulic**, ou **Peyroulic**) ; Jean > *Janticot* (**Janticot**).

c) soit par aphérèse : par exemple *Antòni* (**Antoine**) donne **Toni, Tony** ; ou encore *Domenge* (Dominique) donne **Menjou.**

d) soit par combinaison de l'aphérèse et du/des suffixe(s) :
Par exemple : *Ramon* > *Ramonet* > *Monet* > **(En) Bonet** (quartier de Biscarrosse). **Menjou** > **Menjoulic** (Dans les Landes on trouve sur la carte IGN au 1/100 000e **Menjoulic** à Lencouacq, **Menjoulix** à Belis, **Menjoulicq** à Saint-Avit, **Mounet** à Bougue, etc.).

242. A titre d'illustration, voici des hypocoristiques relevés en Grande Lande, dans la région d'Agen (d'après l'étude de Jean Rigouste sur la commune de Sauvagnas, LG, de parler languedocien, mais très influencé par le gascon dont la limite orientale — le cours de la Garonne — est toute proche) et aussi dans le canton de Lesparre (Gir.) :

Arnauchot, Arnaudin, Arnautille formés à partir d'Arnaud ; **Bertrangey, Bertranoun, Bertranot, Bertro** qui sont dérivés de Bertran ; **Bernache, Bernochon** sur *Bernat* (Bernard) ; **Charlot** sur Charles ; **Guillemy** (diminutif de Guillaume) ; **Guirauton** et **Guiraudette**, dérivés de *Guiraud/Guiraude*, formes occitanes de Géraud ou Giraud (prénom germanique formé des racines **gari/ger*, "lance" + **hard*, "dur, fort") ; **Gouny**, aphérèse de *Hugonin* < *Hugon* < *Huc (germanique *hug*, "intelligence") ; **Jacon** et **Jacquot** à partir de Jacques ; **Jantine, Jeannet, Jeannic, Jeantiron, Jeantinot** évidemment formés sur Jean ; **Mariotte** sur Marie ; **Martinon** sur Martin : **Marton/Marthou** est le diminutif de Marthe ; **Mounay** est formé sur *Ramon* ; **Poulet** vient de Paul ; **Poulic** et **Poulichon** peuvent aussi venir d'Hippolyte ; sur Pierre (*Peìr* ou *Peìre* en gascon) on trouve **Peyrin, Peyroulet, Peyroutoun, Perric, Perrin, Perricot, Pierroulic ; Tionot** sur Antoine, tout comme **Tougnet**.

243. Il faut mentionner d'autre part les sobriquets, qu'on appelle *escais-nom* ou *subrenom* en languedocien et généralement *chafre* en gascon. Ils font allusion soit à une particu-

larité physique soit à une particularité morale (généralement quelque défaut, car la malice populaire, parfois cruelle, ne laisse rien passer), soit encore à une fonction sociale ou au métier.

Voici, pris dans les mêmes zones que précédemment une liste de *chafres* permettant de se faire une idée de leur très grande variété :

a) Exprimant une particularité physique

Sobriquet	Graphie normalisée	Etymologie	Sens
LE BROUN	Lo Bron	germanique *brun	Le brun
BRUNE	Bruna	idem	Brune
BRUNOT	Brunòt	Brun + suffixe -òt	Le Petit Brun
BIOYE	Viòlha	Latin vetulu = vieux	La vieille
BOUSSON	Bosson	Germanique *bosk, "petit" + òn	Petit homme
CAUBET	Cauvet	Latin calvus	Chauve
CRECQ	Crec	Nom gascon du "troglodyte"	Chétif
(AU) GNOUEY	Nhoèi	Onomatopée	Malingre
MINGUE	Minga	Latin mica, "miette"	Très mince
(LA) PITCHE	La picha	*pich, "petit"	Petite
PECHOUN	Pechon, Pichon	idem	Très petit
POT DE LÈBE	Pòt de lèba		Bec de lièvre
POUQUET	Poquet	Latin paucum + -et	"Peu de chose" Chétif
(LA) RAOUQUEYRE	La rauquèira	rauc + suffixe -eira	Personne enrouée
TITOT	Titôt	Aphérèse + diminutif -òt	Tout petit

b) Exprimant une particularité morale ou sociale :

Sobriquet	Graphie normalisée	Etymologie	Sens
L'ARDIT	L'ardit	Latin médiéval arditum, liard	Homme riche (métaphore)
(A) BEOUSSE)	A (la) vèusa	Latin vidua	A (la) veuve
BIGROUS	Bigrós	Latin bulgaru, "hérétique"	Bougre, Luron
(LA) BOUNNASSE	La Bonassa	Latin bonus, "bon" + suffixe pejoratif	Brave femme
CAP DE HER	Cap de hèr	Latin : caput (tête) + ferrum (fer)	Homme entêté
CAPDET	Capdet	Latin capitellum	Cadet
DEFUNTE	Defunta	Latin defunctum, defunt	Propriété d'une personne décédée
DOUAT	Doat	Latin Donatus > donat > doat, "donné"	Domestique "qui s'est donné"
GENTIEU	Gentiu	Latin gentile, "noble", "seigneur"	Noble
HIDÈOU	Hidèu	Latin fidelem, "fidèle"	Honnête - Naïf ?
MAGNOTTE	Manhòta	Variante de manhosa, "maniérée, qui minaude"	Maniérée
MAUGOUBERN	Mau govern	Latin malum ; "mauvais" + gubernare, "gouverner"	Homme peu discipliné
MANDUCHE	Mandusha	Latin mandare, "demander pour avoir"	Mendiant
MILORD	Milord	Anglais	Homme très riche
PEYSAN	Païsan	latin pagensem	Propriétaire rural
RUINE MESTE	Ruina Meste	Latin ruina + magistrum	Mauvais métayer

c) Exprimant un nom de métier :

On trouve par exemple des lieux-dits **Arroudey** (*arrodèir*, "charron"), **Bayle** (*baile*, "officier de justice"), **Baylet** (*vailet*, "valet, serviteur"), **Boué** (*boèr*, "bouvier"), **Carpantey** (*carpantèir*, "charpentier"), **Courial** (*curial/corial*, "officier de cour, greffier, avoué"), **Haou** (*haur/haure* "forgeron"), **Juge, Labelheyr** (*l'abelhèir*, "l'apiculteur"), **Echeron** (diminutif de *escher*, "charcutier, boucher"), **Metge** (médecin), **Meytadey** (*meitadèir* ou *meitadè*, "métayer"), **Toupié** (*topièr*, "potier"), **Techené** ou **Techeney** (*teishenèr/teischenèir*, "tisserand" ; *tisnèr*, en Béarn), **Tourné** (*tornèr*, "tourneur"), etc.

244. Il faut souligner que beaucoup de noms de famille sont eux-mêmes des noms de terre. Ils ont pu se fixer ailleurs et plus tardivement, au gré des déplacements de population et des partages de biens. Par exemple, dans la Grande Lande, se trouvent de nombreux lieux-dits **Fronsacq/Ronsac** (en gascon F > H, d'où **Fronsac** > **(H)Ronsac** > **Ronsac**). Certes le nom est d'origine gallo-romaine, mais il ne faut pas en déduire que sous chaque microtoponyme **Fronsac** se cache une superbe villa qui ferait le bonheur des archéologues. C'est toujours possible, mais la prudence et la vérification scientifique sont indispensables.

245. Pour la Grande Lande, dans le canton de Pissos, il a été calculé — ceci étant donné comme exemple — que les noms de familles sont les plus nombreux (44 %), que les prénoms (13 %) et les hypocoristiques (14 %) sont les moins représentés, et que les sobriquets (y compris les noms de métiers) constituent un petit tiers (29 %) de tous les appellatifs de propriétaires fonciers.

Une particule honorifique : "en"

246. Vraisemblablement aphérèse du latin *domine*, "maître, seigneur", la particule "*en*" vient en fait de "ne" refait en "en" à partir de *n'Enric, n'Ornac*, etc. Elle a une forme féminine, "*na*", mentionnée par les dictionnaires comme archaïque, littéraire (exemples : *na Blanca, na Guirauda*).

Dans la toponymie elle apparaît dans le Lauragais et l'Albigeois pour la zone languedocienne. Dans le domaine gascon elle se voit dans deux zones précises.

En premier lieu dans un assez vaste quadrilatère gersois, traversé par la Baïse, l'Arrats, la Gimone et la Save, dont les extrémités sont en gros les cantons de **Mauvezin** et **Cologne** au nord-est, ceux de **Lombez** et de **Samatan** au sud-est, la région de **Mirande** et **Montesquieu** au sud-ouest et enfin le canton de **Jegun** au nord-ouest. Dans cette aire d'alignements de collines, les microtoponymes en "en" se comptent par dizaines. A titre d'exemple, sur la commune de Castelnau-Barbarens, on en dénombre plus de dix : **En Bernelli, En Cardonne, En Carriole, En Castera, En Jambon, En Jouet, En Laurens, En Marron, En Moureou, En Sabardan** et **En Vignes** !

En second lieu — très curieusement — existe un isolat, vraiment assez éloigné de l'épicentre, la commune de Biscarrosse (L). On y trouve six lieux-dits en "en" : **En Belliard** (patronyme abondamment représenté dans la commune), **En Bonnet** (aphérèse de **Ramonet** + mutation M > B), **En Bergoin, En Chon** (aphérèse d'un hypocoristique tel que **Bernachon** ou **Poulichon**), **En Hil, En Meyrie**.

Ayant le sens de "chez le Seigneur..." ou "Maître" ou "Monsieur..." elle accompagne donc toujours un nom de personne qui correspondait généralement autrefois à quelque notable de la paroisse.

CHAPITRE VI

DES NOMS "RÉCENTS"

L'époque moderne et la période contemporaine voient se produire deux phénomènes : la fixation de nouveaux toponymes et la poursuite d'une certaine "érosion" des noms des lieux, plus ou moins active selon les endroits.

247. Des personnages célèbres (Saint-Vincent-de-Paul, l'Impératrice Eugénie) génèrent de nouveaux toponymes à la faveur du renouveau catholique ou du thermalisme. Dans les Landes **Pouy** devient **Saint-Vincent-de-Paul** en 1828 ; un quartier de **Saint-Loubouer**, dont les eaux bienfaisantes sont réputées, devient **Eugénie-les-Bains** en 1861. Le Second Empire, particulièrement attaché à ce département qu'on voulait à tout prix mettre en valeur, inspire plusieurs noms rappelant des faits d'armes ou des colonies : **Solférino** est créée en 1863 à partir du domaine agricole impérial, **Sébastopol** est un écart aux confins de Sore et de Trensacq, **Constantine** est un quartier de Saugnac-et-Muret. En Gironde, dans la commune du Teich, existe un rond-point de **Malakoff**, au milieu de la **Forêt de Nézer** qui tire elle-même son nom d'un de ces grands "colonisateurs" à l'aube du XIXe siècle. A Arcachon, la plage **Pereire** rappelle les célèbres Frères Péreire qui contribuèrent à lancer la station quand, avec le chemin de fer, les bains de mer devenaient à la mode.

248. Aux temps enfiévrés de la Révolution les plus fervents Jacobins eurent un projet toponymique. C'est ainsi que de

manière éphémère, dans les Landes, Capbreton devint **Brutus**, Mont-de-Marsan fut rebaptisé **Mont-de-Marat**, Saint-André-de-Seignanx fut érigé en **Haute-Montagne**, Saint-Jean-de-Marsacq fut renommé **Pelletier-de-Marsacq**, Saint-Paul-lès-Dax dut s'appeler **Bonnet-Rouge,** Saint-Sever **Montadour** et Saint-Esprit-les-Bayonne, alors landais, fut remplacé par **Jean-Jacques-Rousseau.**

249. Pour reprendre un exergue célèbre concernant la liberté de la presse, les noms de lieux s'usent quand on ne s'en sert pas. Certains microtoponymes ancestraux sont évincés au profit de formations françaises ou étrangères plus anonymes ou plus "ésotériques" quand les sigles s'en mêlent : "**Aux H.L.M.**", "**A Tahiti**" (lotissement), "**A Compostelle**" (ensemble immobilier), "**Carrefour**" (centre commercial), "**Au Silo**", "**Au Pylône**", "**Au Wharf**" (plage de **La Salie**, à La-Teste-de-Buch, Gir., où une installation permet le rejet en mer des eaux usées puis traitées du Bassin d'Arcachon), etc... Un lieu-dit **Molin Nau** est dégasconnisé en **Moulin Neuf**. Dans la Grande Lande d'immenses parcelles défrichées et mises en culture sont appelées désormais du nom de leur propriétaire : **Au Champ de X...** A Cestas (Gir.) un "**Choisy-la-Tour**" semble vouloir donner à un morceau de la lande girondine l'allure d'une banlieue résidentielle de l'Oise ou de la Seine-et-Marne.

250. Agents voyers du siècle dernier, géomètres du cadastre, cartographes de l'IGN, aménageurs divers ou édiles devant baptiser des rues dans de nouveaux quartiers urbanisés ont fait ou commettent des erreurs de transcription, des déformations et perpétuent certaines cacographies. A Cadaujac (Gir.) la **Plaine de Moscou** ne serait-elle pas tout simplement la **Plaine de Bouscaut**, à deux pas du lieu-dit du même nom ? Avant la révision cadastrale, on lisait sur l'ancien cadastre de Pissos (L), "Chemin de Parentis - Etang à Saint-Symphorien". Il s'agissait d'une confusion — à vrai dire compréhensible — entre l'idiomatisme gascon "de Parentis *étant* à Saint-Symphorien" (sous-entendu : "Le chemin va...") et le lac ou grand *étang* nord-landais. A Biscarrosse (L) apparaît dans la voirie une **Rue de la Judée** : elle correspond à un chemin menant à un ancien lieu-dit **L'Ajudey** (*l'ajudèir*, "l'aide", d'où peut-être "l'aide entre voisins, la corvée"). Rien à voir avec la terre biblique...

CHAPITRE VII

UN PATRIMOINE A SAUVEGARDER

Même si ce court ouvrage est manifestement incomplet — tant la matière est riche — puisse-t-il avoir donné au lecteur quelques idées sur les grandes strates toponymiques de la Gascogne et suscité le goût d'en savoir plus. Des livres beaucoup plus approfondis, voire érudits, existent, mais bien des secteurs restent encore à inventorier et à analyser. Il y a d'ailleurs une certaine urgence à poursuivre les investigations car, souvent, l'enquête toponymique n'est valable que lorsqu'elle s'appuie sur des informateurs locaux qui, non seulement connaissent bien le terrain, mais possèdent aussi parfaitement la langue. Cette catégorie de personnes si riches d'un savoir concret et de traditions tend à s'estomper. ''Un vieux qui disparaît, c'est une bibliothèque qui brûle'', dit un aphorisme connu.

On peut le regretter, mais telle est la situation. Toujours est-il que la toponymie, qui permet aussi de découvrir l'histoire régionale et d'approfondir la connaissance ethnographique, évolue et subit la lente agression de l'érosion des mots. Aussi, tel un patrimoine en péril, mérite-t-elle d'être sauvegardée et portée à la connaissance de tous. Elle est également un pan de notre culture, au même titre que la langue gasconne, puisqu'elle en est largement l'expression.

Le 7 octobre 1981 l'Assemblée parlementaire du Conseil

de l'Europe, adoptait un texte à l'issue d'une discussion sur le rapport de la Commission de la culture et de l'éducation :

(*) "L'Assemblée, considérant qu'il est très important pour le progrès de l'Europe et de l'idée européenne d'assurer le respect et le développement équilibré de toutes les cultures européennes, et tout simplement des identités linguistiques, (...) recommande (...) au niveau scientifique, l'adoption progressive, le cas échéant conjointement avec la dénomination devenue usuelle, des formes correctes de la toponymie, à partir des langages originels de chaque territoire, si petit soit-il (...).

C'est toujours valable.

(*) Cité dans : GIORDAN (Henri), *Démocratie culturelle et droit à la différence,* Rapport au Ministre de la Culture. La Documentation française. Février 1982, p. 97.

NOTES

(1) En particulier J. COROMINAS dans *Estudis de toponimia catalana*, vol. I, Barcelona 1965, pages 93-151, et bien sûr G. ROHLFS.

(2) M. Grosclaude, dans son *Dictionnaire toponymique des communes du Béarn,* p. 373, fait observer qu'il peut s'agir tout simplement d'une variante tardive de l'anthroponyme SANS.

(3) Il se pourrait que RETJONS (L) soit l'évolution du latin regiones et corresponde aussi à une limite.

(4) Celte continental. Le celte insulaire (brittonique, cornique, gaëlique, gallois) n'arrive en Armorique qu'au Ve siècle ; c'est là l'origine du breton.

(5) Sur ce thème, on peut consulter l'ouvrage commode et intéressant de : MARLIAVE (Olivier de) : *Source et saints guérisseurs des Landes de Gascogne*. L'Horizon chimérique, 1992.

(6) Information fournie par Monsieur l'Abbé Gilbert LOUBÈS, Auch.

(7) Bulletin de la Société Archéologique du Gers. 4e Trim. 1981, p. 345-350.

(7bis) On peut toutefois interpréter Tucoo et Tuquet comme des aphérèses des hypocoristiques (Arnau)tucoo et (Arnau)tuquet.

(8) SAINT-LARY est l'aphérèse de Saint-Hilari, "Saint-Hilaire".

(9) Du verbe *horar* "creuser, percer" viennent les noms PEYREHO-

RADE (L), la "pierre creusée" (*pèira horada*), et LA HOURATATE (Béarn), de sens identique mais avec une nuance augmentative.

(10) En Gironde cependant, de par sa situation sur la rive gauche de la Garonne et de par son histoire, PORTETS signifie bien "le port (fluvial)".

(11) Synonyme de l'occitan *òrt*, "jardin" (< latin *hortus*).

(12) L'ORIENTATION : En toponymie gasconne quelques adverbes sont très fréquents :

- *Juzon* (< latin *deorsum*), *dejús* ou *dejós, devath, capvath* : "dessous, en aval, au nord".
- *Suson, Suzan* (< latin *sursum* + *anum*), *dessus, capsus* : "au-dessus, en amont, au sud". Exemples : chemin de SUZON, à Talence (Gir.), OUSSE-SUZAN (L), CARJUZAN (lieu-dit à Saint-Michel-de-Rieufret, Gir.), CARSUZAA (Béarn), ARJUZANX (L).
- *Abans, dabant* : "devant, vers le soleil levant, à l'est".
- *Arrèr, darrèr* : "derrière, au soleil couchant, à l'ouest".

(13) A Escource (L) le lieu-dit SAINT-ANTOINE-DES-TRAVERSES ou DE-LA-TRAVERSE, était un passage emprunté par les pèlerins.

GLOSSAIRE

AQUITANIQUE : adjectif. S'applique aux peuples et aux langues (à la langue ?) installés en Aquitaine (au sens large : en gros tout ce qui est à l'ouest de la Garonne) avant la romanisation.
APHÉRÈSE : nom féminin. Chute d'un phonème au début d'un mot. Exemples : Colas pour Nicolas, Monet pour Ramonet.
BILINGUISME : nom masculin. Qualité d'un individu ou d'une population utilisant couramment deux langues différentes.
CACOGRAPHIE : nom féminin. Mauvaise écriture, orthographe fautive.
CRISTALLISER (SE) : verbe intransitif. Se fixer, se développer et prendre un sens nouveau, en parlant d'un mot.
COGNOMEN : Surnom chez les Romains. Troisième élément constitutif du nom officiel d'un citoyen romain. Exemple : Caius Julius *Caesar*.
DIALECTE : nom masculin. Langue qui n'a pas réussi. Certains dialectes ont réussi ; exemples : le dialecte des bergers du Latium, devenu le Latin, ou le dialecte francien d'Hugues Capet devenu le français.
DIGLOSSIE : nom féminin. Coexistence dans un même pays, soit de deux langues différentes, l'une dominant petit à petit l'autre (exemple le français qui évince les dialectes d'oc) ; soit de deux états d'une même langue, l'un savant, l'autre populaire.

ETYMOLOGIE : nom féminin. Etude de l'origine et de l'évolution d'un mot.
ETYMON : nom masculin. Mot ancien proposé comme origine d'un mot plus récent. Exemple : le latin pater est l'étymon du gascon *pair* et du français père.
ETHNIQUE : adjectif, parfois pris comme nom. Désigne les habitants d'une nation, d'un pays. Exemple : Gaulois, Goths, Français sont des (noms) ethniques.
FRANCIQUE : nom masculin. Langue des anciens Francs, faisant partie du germanique occidental.
GENTILICE : nom masculin. Nom propre d'une grande faille romaine. Exemple : Caius *Julius* Caesar.
HAGIOTOPONYME : nom masculin. Nom de lieu qui est en même temps un nom de saint (hagionyme). Exemple : saint Martin/Saint-Martin.
HYDRONYME : nom masculin. Nom de lieu ayant trait à l'eau (ruisseau, rivière, fleuve, source, fontaine, lac...).
HYPOCORISTIQUE : nom masculin ou adjectif. Mot traduisant une intention caressante, affectueuse. Exemples : fifille, frérot, Mariotte pour Marie, Tiénot pour Etienne...
MICROTOPONYMIE : nom féminin. Partie de la toponymie concernant les noms de lieux-dits de faible étendue, de maisons, de champs, de pièces de terre.
ODONYME : nom masculin. Nom de voie, de chemin, de route, de rue.
ONOMASTIQUE : nom féminin. Etude générale des noms propres. Elle est essentiellement composée de l'anthroponymie (étude des noms de personnes) et de la toponymie.
ORONYME : nom masculin. Nom de lieu concernant le relief (montagne, collines, etc.). Dérivés : oronymie, oronymique.
PROSTHÉTIQUE : adjectif. (On dit aussi prothétique). Se dit d'un élément ajouté, non étymologique. Exemple : le "e" dans esprit (du latin *spiritus*), ou dans étoile (*stella*).
RADICAL : nom masculin. Partie essentielle d'un mot, qui en exprime le sens principal.
RÉFECTION SAVANTE : les scribes du Moyen Age ou les érudits du XVIe siècle ont parfois refait certains mots à partir du grec ou du latin. Exemple : le latin *ministerium* a donné le mot métier, mais ministère n'est apparu qu'au XVe siècle.

RHOTACISME : nom masculin (de la lettre grecque rhô). Changement d'articulation d'une consonne, la faisant passer de sa forme première à "r".
SÉMANTIQUE : adjectif. Relatif au sens de smots. Ou bien (nom féminin) l'étude des sens des mots et de leurs variations.
SUBSTRAT : nom masculin. Ce qui reste, dans une langue, d'un parler antérieur ayant causé certaines modifications dans la langue elle-même.
TOPONYME : nom masculin. Nom de lieu en général. Correspond dans cet ouvrage essentiellement aux noms de communes (villages, anciennes paroisses).
TAUTOLOGIE : nom féminin. Répétition, sous plusieurs formes, de la même idée ou d'un même mot.

BIBLIOGRAPHIE

Ouvrages et articles.

Alibert (Louis). *Dictionnaire occitan-français.* Toulouse. Institut d'Etudes Occitanes. 1977.

Bec (Pierre). *La langue occitane.* Collection Que sais-je ?, n° 1059. Presses Universitaires de France. 1967.

Bémont (Ch.). *Publication des Rôles Gascons.* T. II. Paris. 1900-1906. [RG]

Bémont (Ch.). *Publication du recueil d'Actes relatifs à l'administration des Rois d'Angleterre en Guyenne au XIIIe siècle.* (Recogniciones Feodorum). Paris, 1914.

Bost (J.P.) et **Boyrie-Fénié** (B). "Auguste, la Gaule et les routes de l'Aquitaine : la voie "directe" de Dax à Bordeaux. *Bulletin de la Société de Borda,* n° 410, 2e trimestre, 1988. Pages 13-20.

Boyrie-Fénié (Bénédicte). *Toponymie de la Grande Lande et microtoponymie du canton de Pissos (Landes).* Thèse de doctorat de 3e cycle. Université de Bordeaux III. Mars 1984.

Boyrie-Fénié (Bénédicte). "Toponymie de la paroisse de Gaillan-en-Médoc". Revue *GARONA*, cahier n° 3 du CECAES (Centre d'Etudes des Cultures d'Aquitaine et d'Europe du Sud). Université de Bordeaux III. Maison des Sciences de l'Homme d'Aquitaine. Juin 1987. Pages 125-141.

Beterous (P.V.) et **Boyrie-Fénié** (B.). *Toponymie de l'Aquitaine.* Rapport présenté au Conseil Régional d'Aquitaine, par le CECAES. Mars 1990. 49 pages.

Bouzet (J.) et **Lalanne** (Th.). *Du gascon au latin (origines latines du gascon).* Librairie Bénesse. Saint-Vincent-de-Paul (Landes). 1937. 81 pages.

Corpus Inscriptionum Latinarum. Index Cognominum. Berlin, 1980 [CIL].

Dauzat (A) et **Rostaing** (Ch.). *Dictionnaire étymologique des noms de lieux en France.* 2e édition. Librairie Guénégaud. Paris. 1978. 738 pages + supplément. [DR]

Dauzat (A), **Deslandes** (G.), **Rostaing** (Ch.). *Dictionnaire étymologique des noms de rivières et de montagnes en France.* Editions Klincksieck. Paris. 1978. 234 pages.

Dictionnaire national des communes de France. 20e édition, 1977. Editions Albin Michel. 1150 pages.

Grosclaude (Michel). *La Gascogne. Témoignages sur deux mille ans d'Histoire.* Collection Sources de l'Histoire occitane. Per Noste IEO. 1986. 80 textes historiques de Bordeaux aux Pyrénées.

Grosclaude (Michel). *Dictionnaire toponymique des communes du Béarn.* Escòla Gaston Febus. 1991. 416 pages.

Higounet (sous la direction de Charles). *Histoire de l'Aquitaine.* Collection "Univers de la France" (Histoire régionale). Privat éditeur, 1971. 537 pages + documents.

Lebel (Paul). *Principes et méthodes d'hydronymie française.* Publications de l'Université de Dijon. Société Les Belles Lettres. Paris, 1956. 392 pages. [PHF]

Marliave (Olivier de). *Sources et saints guérisseurs des Landes de Gascogne.* Collection Découvrir. L'Horizon Chimérique, 1992. 189 pages.

Nègre (Ernest). *Les noms de lieux du Tarn.* 3e édition. Editions d'Artrey. Paris, 1972. 124 pages.

Nègre (Ernest). *Toponymie générale de la France.* Volume 1er (Formations préceltiques, celtiques, romanes). Librairie Droz, Genève, 1990.

Orpustan (Jean-Baptiste). *Toponymie basque.* Centre d'Etudes Linguistiques et littéraires basques. Presses Universitaires de Bordeaux, 1990. 194 pages.

Palay (Simin). *Dictionnaire du béarnais et du gascon modernes.* Editions du Centre National de la Recherche Scientifique. Seconde édition complétée. 1974. 1039 pages + supplément.

Peyrade (Jean). "Les bastides". Revue *L'Histoire.* N° 18. Décembre 1979. Pages 54-60.

Rigouste (Jean). *Toponymie de la commune de Sauvagnas* (Département du Lot-et-Garonne). T.E.R. Université de Bordeaux. Faculté des Lettres et Sciences Humaines. Novembre 1982. 109 p.

Rohlfs (Gerhard). *Le Gascon. Etudes de philologie pyrénéenne.* Max Niemeyer Verlag. Tübingen. Editions Marrimpouey. Pau. 3e édition. 1977.

Séguy (Jean). *Atlas linguistique et ethnographique de la Gascogne.* Toulouse, 1954-1966.

Tucoo-Chala (Pierre). "L'Aquitaine anglaise". Revue *L'Histoire,* N° 104 - octobre 1987. Pages 98-106.

Vigneau (Bernard). *Lexique du gascon parlé dans le Bazadais, 1879.* Edition établie par Jacques BOISGONTIER et Jean-Bernard MARQUETTE. Les Cahiers du Bazadais 1982.

Voragine (Jacques de). *La Légende Dorée.* Tome 1, 507 pages. Tome 2, 508 pages. Editions Garnier-Flammarion, 1967.

Wartburg (Walter von). *Französisches Etymologisches Wörterbuch.* Tübingen, 1922 (début de la publication).

INDEX

Les numéros renvoient aux paragraphes. Les communes sont suivies des initiales du département ; les autres noms concernent de simples lieux-dits.

TABLE DES MATIERES